認知症ポジティブおばあちゃん

〜在宅介護のしあわせナビ〜

著 YouTuber だんだん・えむ

監修 シルバー総合研究所理事長 名城大学特任教授 遠藤英俊

フォレスト出版

お出かけ前奮闘記　デイサービスに行く

次は洋服選び
ファッションショー？
ではなく
いつものズボンを探していた様子
忘れちゃうの
どのズボンはいていけばいいか
あっ上着いるよね
これ持っていって寒かったら着よう！
じゃん！
この日は五月
十分暖かい日
冬服
おばあちゃんは季節感を忘れているので
冬物を着ていこうとすることも…
そして
1時間45分後
これでいいね
たしか前もこれはいていったと思う
うん いいね！
最初のズボンに決めたようです

それで…えーっと
荷物確認しなきゃ
ガサゴソ
鍵
メガネ
尿取りパット
冬用上着
これはいらないかね
そうだねいらないかなー
やっぱり冬物の上着は却下になりました
よし準備完了
ずるずる
上着引きずらないでー
ちょっとトイレ行ってくる
くるっ
あれ?おばあちゃん
再びズボンをはき替えたようです

準備を始めて
2時間30分後
ようやく外へ
えーと
荷物は…
鍵と眼鏡と…
心配性のおばあちゃん
待ってる間も
荷物確認は続きます
7回目
ありゃ
忘れ物？
どうした？
お孫ちゃんの
クシが入ってた
ドッ
その後、お迎え直前にまたズボンを
はき替えにいったおばあちゃん（笑）
今日の
デイサービスは
ダンスあるかな
いつも先生の
真ん前になるんだよ
みんな遠慮しちゃって
ほんとは後ろの方で
やりたいんだけどねえ
3時間前から準備をしても、
お迎えが来るギリギリまで
てんてこまい
これがデイサービス前の
ルーティンです

はじめに

本書を手にとってくださり、誠にありがとうございます。
『認知症ポジティブおばあちゃん』は認知症になった義母の生活ぶりを発信している YouTube チャンネルです。私にとってはお義母さんにあたるわけですが、普段の呼び方で、本書でも〝おばあちゃん〟と呼ばせていただきます。

おばあちゃんは認知症を患っておりますが、かわいらしく社交的な性格で、デイサービスでも人気者です。昔はジャズダンスを習っていたり、コーラスにも通っていたりしたので、踊りや歌が大好き。私たちにもよく披露してくれます。身だしなみを整えることも忘れず、毎朝きちんとお化粧をしています。

そして YouTube をはじめてからわかったことですが、おばあちゃんは、撮影されることが大好きです。動画に映る自分を観るのがとても楽しそうで、カメラを回して嫌がられたことはありません。

コメントが介護の励みに

ほがらかでユーモアのあるおばあちゃんの様子を公開したYouTubeチャンネル『認知症ポジティブおばあちゃん』は次第に多くの方の目に留まり、今ではたくさんのコメントを頂けるようになりました。

それは、私たち家族がまったく想像していないことでした。

私たち家族がYouTubeをはじめたのは、2021年3月のこと。まだ世の中は厳しいコロナ禍にありました。なかなかおばあちゃんに会いに来られない親戚に、認知症ではあるけれど、元気に暮らしているおばあちゃんの姿を見てもらいたい。そんな軽い気持ちではじめたのでした。

在宅介護は大変なことが多いものです。「シャキシャキッと家を仕切って、訪問販売の仕事もバリバリこなす働き者」。そんな元気なおばあちゃんが認知症になった……。いろいろなことをすぐに忘れてしまい、今までできたことができなくなっていく姿に、私たち家族はずいぶんと戸惑いました。この戸惑いは、認知症のご家族と同居経験のある方なら、きっと誰もが通る道だと思います。

おばあちゃんにとっても、介護する私たちにとっても、お互いにどのように付き合っていくことがベストなのか。接し方や距離感の取り方に、たくさん悩みました。今でも「これで大丈夫かな？」と手探りでやっていることもあります。

そんなとき、私たち家族を励ましてくれるのがYouTubeに頂くコメントです。応援の声や私たちと同様に在宅介護をされている方の共感の声を拝見すると、大変心強く、一緒にがんばりたいと思います。**たくさんのコメントは、私たち家族にとって、成長していく糧《かて》となっています。**

家族だからできることがある

私たちのYouTubeをご覧になる方は、現在進行形で在宅介護をしている方や過去に経験のある方、介護の仕事に携わっている方などが多いようです。

加えて「いずれ親が、自分が、認知症になるかもしれない。介護を必要とするかもしれない」と、将来への不安や恐れが入り混じる複雑な気持ちでご覧になる若い世代の方も、思いのほか多くいらっしゃることには驚きました。

厚生労働省HPによると「2025年には65歳以上の高齢者の5人に1人が認知症になる」と予測されているそうです。今や誰の身にも起こりうるものだといえますから、若い方がわがことのように受け止めても不思議はないでしょう。

しかし私たちは認知症のおばあちゃんと接する過程で「**認知症は過剰に恐れた**

り、悲観的になったりする病ではないのでは?」と思うようになりました。

認知症とひとことでいっても、症状の出方や進行のスピードなどは人それぞれです。おばあちゃんは認知症と診断されてからおよそ5年が経ちますが、現在の症状は比較的穏やかですし、急激に進行している様子はありません。しかしこの先、どのような症状が出てくるか、いつまで在宅介護ができるかは、やはり予想がつきません。

この本でお伝えすることは、あくまで、要介護1、2レベルの「今のうちのおばあちゃんのケース」です。

ただ、私たちは認知症になったおばあちゃんの在宅介護を通して、家族だからできること、家族にしかできない大切なことがあると考えるようになりました。YouTubeにおばあちゃんの動画を残すということも、家族だからできることの一つと考え、続けている取り組みです。

過酷な介護から救ってくれたYouTube

おばあちゃんに対する私の受け答えがすばらしい、とコメントでほめていただくことがありますが、最初からできていたわけではありません。

おばあちゃんが認知症になりはじめの頃は、戸惑うあまり毎日イライラしていましたし、すべて投げ出したくなる日もありました。

正直、今でもときどきそういう日はありますが、YouTubeがイライラを引きずらない自分へと変えた一つのきっかけでした。おばあちゃんを動画に撮ることで、自分の物の言い方や振る舞いを客観視して冷静に改善できるようになったのです。撮影を通しておばあちゃんの新たな一面を発見するのも楽しみの一つです。

一時はおばあちゃんの振る舞いに翻弄《ほんろう》されてギクシャクしていたわが家でしたが、YouTubeで一致団結！　おかげさまで家族の絆も深まりました。

もしかしたらわが家史上、今がもっとも笑顔にあふれているかも。YouTubeが過酷な在宅介護から救ってくれたといっても過言ではありません。

内輪のささやかな試みとしてはじめたYouTubeがこの度、本の出版につながるとは夢にも思っていませんでした。

本書では、私なりに習得した、認知症のおばあちゃんとしあわせに暮らすための在宅介護の実践方法やポイントもお伝えしていきます。

YouTubeと同様に、今このときに認知症を含む在宅介護をされている方、認知症や介護がどういうものかを知っておきたい方にとって、少しでもお役に立てるものとなれば、大変しあわせに思います。

認知症ポジティブおばあちゃん～在宅介護のしあわせナビ～ 目次

マンガ de おばあちゃん
「お出かけ前奮闘記 デイサービスに行く」 3

はじめに 7
コメントが介護の励みに 8
家族だからできることがある 10
過酷な介護から救ってくれたYouTube 12

Chapter 1 おばあちゃんが認知症になった日

根っからのポジティブおばあちゃん 18
86歳まで訪問販売員としてバリバリ活躍 18
かばん屋の看板娘 20

忍び寄る認知症。変化の兆し…… 22
ぶつけたのはこれで何回目？ 22
おばあちゃんの暴走、はじまる 25
認知症の宣告におばあちゃんは…… 27
大人のオムツ問題 31

私たちが笑顔を失った、あの頃 33
負のループに殺伐とするわが家 33
変わっていくおばあちゃんの生活 36

マンガ de おばあちゃん
「ふしぎな郵便受け」 39

私が笑顔になったら、おばあちゃんも笑顔に 43
認知症の人は「一瞬一瞬」を生きている 43
ファイティングポーズを封印 45
「認知症？」と思ったらすぐ病院へ 47

Column
「昔のお母さんに戻ってほしい」からの脱却 49

ドキドキの要介護認定調査 53
初めての認定調査に緊張が走る 53
調査員さんに正しく理解してもらうためにレポートを作成 56
便利なサービスはどんどん活用しよう 59

オムツ卒業の奇跡！ 61

子宮脱の手術で入院 61
お薬より自由に動くことを優先 64
マンガ de おばあちゃん
「ん、大活躍!? 入院中の出来事」 66
親戚に見てもらいたくてはじめたYouTube 72
きっかけはコロナ禍 72
私たちにもできることがあるかもしれない 73
Column
ハッピーワイフ、ハッピーライフ!
～おばあちゃんを支える妻への感謝～ 79
Chapter 2
YouTubeが家族の絆を強くする
日常をさらけ出す理由 84
「認知ショータイム」と「認知症あるある」 84
気分は女優♪
カメラに映ることがおばあちゃんの生きがいに 88
おばあちゃんの新たな一面を知る 92
動画づくりで認知症改善? 94
マンガ de おばあちゃん
「世にも奇妙な出来事」 97
YouTubeが見せてくれた新しい世界 103
嫁姑関係にも効果? 103
おばあちゃんは「ありがとうの天才」 106
動画のススメ～家族を動画に記録してみよう～ 108
Column
だんだん・えむの祖母のお話 112
Chapter 3
認知症のおばあちゃんとしあわせに暮らす15のコツ
ベースは「相手をよく知ること」 116
おばあちゃんは心配性 116
メモ魔になるのも「心配だから」 120
行動パターンを把握する
～1日の流れを書き出してみよう～ 122
しあわせに暮らす15のコツ 125
その1 認知症の人がつくる世界を尊重する 125

その2　愛の先制パンチ　128
その3　否定しない　133
その4　いつもニコニコ　136

マンガ de おばあちゃん

「禁断のスイッチ」　138
その5　上手に話をそらす　142
その6　「忘れてくれる」ことに甘えてもいい　145
その7　在宅ローテーション×デジタルツールで見守り　147
その8　役割分担を決める
～困ったときは孫&息子の出番～　151
その9　「張り紙」で伝える　155
その10　認知症の事実をオープンにする　158

マンガ de おばあちゃん

「突然の対人不安！」　161
その11　めんどうがらずに話をよく聞く　165
その12　好きなものに囲まれる毎日を　166
その13　お出かけでリフレッシュ&刺激を与える　169
その14　外部からのサポートは早めにお願いする　172
その15　介護する側も自分を大事にする　178

Column

YouTubeで親孝行　181

Chapter 4　介護の未来に光をともすため、私たちができること

怖い病気ではなく「困っている人」という感覚で　184
コメントから考える「本当に解決しなければならない介護の課題」　186
介護で仕事をあきらめない　189
ポジティブ介護に必要な「介護する側の意識改革」　193
親の終活を考えたことがありますか？　196

Column

デジタルスマイルトランスフォーメーション（DSX）
～認知症介護はデジタルとスマイルの時代へ～　201

おわりに　204
監修者あとがき　208
認知症の症状について　210
マンガdeおばあちゃんQRコード一覧　214

Chapter 1

おばあちゃんが認知症になった日

根っからのポジティブおばあちゃん

86歳まで訪問販売員としてバリバリ活躍

最初におばあちゃんの人となりについてご紹介させてください。

おばあちゃんは私と夫、娘（おばあちゃんにとっての孫）と、今は4人で一つ屋根の下に暮らしています。

普段のおばあちゃんは、みなさんがYouTubeでご覧になっているのと同様に、ザ・ポジティブな人。それは認知症になる前から変わりません。

一緒に暮らしはじめて22年になりますが、根っから明るく、社交的なおばあちゃんの姿に何度も励まされてきました。そんなわけで、YouTubeのチャンネル名に「〝ポジティブ〟おばあちゃん」と付けたのです。

おばあちゃんは86歳まで長年、女性下着の訪問販売員をしていました。県をまたいで車を走らせて、顧客の元へ出かけていくのが日課でした。

義父は49歳という若さで亡くなり、彼の死後、おばあちゃんは女手一つで3人の子どもを育て上げました。夫によると、それまで専業主婦だったにもかかわらず、戸惑うことなくすぐに仕事を探しはじめたとか。そこで偶然紹介されたのが訪問販売の仕事ですが、性に合ったようで「天職よ」と言っていたそうです。

おしゃべり好きで、誰とでもすぐに仲良くなれるおばあちゃんは、トップセールスとして常にバリバリと活躍していました。

おばあちゃんから仕事の話を聞いていて印象的なのは、1人の知人のってをきっかけに、まるでくもの巣のようにお客さまの輪が広がっていくことです。

例えば、私用で役所に行った際に窓口の方と仲良くなったかと思えば、いつのまにか、お昼休みに役所の休憩所でお店を開かせてもらうようになる。それが評判になると、今度は隣町の役所にも紹介されて……といった具合です。

商品自体も良いものだったと思いますが、それに加えておばあちゃんの人柄が好かれ、ファンが増えていったのかなと思います。そんなふうに、ウン十年の間、人とのご縁を大切にし続け、知見を広げている人でした。

かばん屋の看板娘

おばあちゃんが人並外れてコミュニケーションに長《た》けている理由は、商売人の血が流れているからでしょう。実家が商店街唯一のかばん屋さんを営んでおり、女学校卒業後は家事手伝い兼看板娘として、お店の手伝いをしていたそうです。動画で頻発する鉄板ネタ「ネクタイの接客」は、およそ70年前の記憶です。

身内の私から見てもかわいらしいおばあちゃんですが、若い頃もとってもキレイ。きっと評判の看板娘だったんだろうなあと想像しています（関連動画：「若かりし頃の写真初公開／松江帰郷で記憶混沌／ホテルで徘徊／次回予告あり(カバン屋探すおばあちゃん)」）。

そして、弟さんの家庭教師に来ていた地元の名士の息子さんに見初められ、20代前半で結婚しました。早くに亡くなられたため残念ながらお会いすることはありませんでしたが、この男性が私の義父にあたります。

義父は地質学の研究者で、世界中を飛び回っているような人でした。

おばあちゃんは日本にいて、ほぼ1人で子育てに奮闘していたそうですが、一度だけ義父と一緒にマレーシアへ行き、2、3年ほど暮らしたそうです。現地で子育てをしながら、中国語や英語を習得したと聞いたことがあります。動画でマレー語の「ボレマカン（食べられる?）」とか、「ボレボレ（できるできる）」という現地の言葉や英語をちょこっと話すのは、その当時の記憶です。

ネクタイのネタを除いては、当時の思い出話をすることはほとんどありません。義父のこともほとんど忘れてしまったようです。夫とケンカをしたときに「お父さんはあんなに優しかったのに、息子はなんてひどいことを言うんだ」と引き合いに出すくらいです。

義父のグチや悪口は一度たりとも聞いたことがありません。離れて暮らし、たった1人で子育てをしていた時期も長いですし、寂しい思いをしたこともあると思うのですが、何よりも「優しい夫」という美しい印象が色濃く残っているようです。

ことあるごとに「私はいいお家へお嫁にいったのよ」と、口にします。立場のある方の家に嫁ぎ、大切にしてもらったということが誇らしく、しあわせな記憶なのでしょう。

忍び寄る認知症。変化の兆し……

ぶつけたのはこれで何回目？

「アレ、おばあちゃん最近おかしくない？」
家族がざわつきはじめたのは、2014年頃のことです。車をぶつける回数が増えるなど、運転が目に見えて荒くなってきたのです。

認知症というと「何度も同じことを話す」「会ったばかりの相手のことを忘れる」「ご飯を食べたことを忘れる」「徘徊する」といった症状がよく知られていますが、**おばあちゃんの場合は、ヒヤッとする車の事故が増えたことが違和感を持つきっかけになりました。**

75歳以上になると、基本的に3年に一度の免許更新で認知機能検査を受ける必要があります。おばあちゃんは検査を受けた上で運転していましたし、ちょっとした不注意があるのは昔からでした。スーパーの駐車場で他人様の車に軽くぶつけてしまったこともあったので、はじめはその延長ぐらいに思っていたのですが……。

ある時から、送り迎えで人を乗せているときに車をぶつけたり、自転車に軽く接触してしまったりと、一歩間違ったら大変な事態になりかねないと思われる事故が続き、私と夫は真剣に考えるようになりました。

とはいえ、本人に運転をやめるよう説得しても「注意すれば大丈夫」というばかり。やむをえず私たちが車の鍵を隠せば、頭から湯気がでるほどカンカンに怒って大騒ぎになってしまいました。

家族が不安を感じる中で運転を続けていたおばあちゃんですが、ついにある日、車のドアが凹んで開かなくなるほどにぶつけて帰ってきたのです。

大事故につながらなかったことが本当に不幸中の幸いでしたが、車は廃車になりました。さあ、これで本人も免許を返上する気になるか、と期待したのですが、この期に及んで「新しい車を買おう」と言うのです。

わが家は田舎にありますから、どこに行くにも車が足がわりという生活。「車のない生活なんて考えられない」というおばあちゃんの気持ちもよくわかります。

私たちもおばあちゃんに違和感を抱きつつ、まだ認知症になっているとは思っていませんでした。むしろおばあちゃんから車を取り上げることで行動範囲が狭くなり、老化が加速するのではないかという心配もあったのです。

「車はもう危ないよね」「でも取り上げたら一気にボケちゃうかも……」家族で葛藤を繰り返した末、新しい車を買ってしまいました。

ですが、おばあちゃんは結局その車を運転できなかったのです。というのも、スマートキーの扱いを覚えることができなかったから。こうしてやっと免許を返納しました。

このときにはすでに判断力が鈍り「新しいことが覚えられない」という認知症の兆しがあったのです。

おばあちゃんの暴走、はじまる

今思えば、この頃からご近所の方に迷惑をかけたり、警察のお世話になったりといった周囲を巻き込むトラブルが増えていきました。

激しく電話魔になり、私が勤務する会社に1日で30回ぐらい電話をかけてきたこともあります。

また、お庭がきれいな隣のお宅に何度も行って「うちも庭に水やりをした方がいいかしら？」などと聞くようなことが頻繁に起こり、よその方にもご迷惑をおかけするようになりました。

「何度も同じ質問を繰り返す」というのは認知症あるある的な症状ですが、その頃は「おかしいな」と思いつつ、ため息をつきながらやり過ごしていました。

おばあちゃんとしては何か一つ心配事ができると、芋づる式に不安が大きくなり、安心できるまで何度も聞いていたのでしょう。答えを返すと「安心した。ありがとう」と繰り返し言っていました。

このように、免許を返上した頃と時期を同じくして、日常生活のさまざまなシーンでおばあちゃんの不自由さが目立ち、トラブルが増えていきました。

認知症の宣告におばあちゃんは……

おばあちゃんが認知症専門医の診察を受けたのは、2017年、85歳のときでした。夫の大阪赴任が決まったタイミングでもあり、家庭のいろいろな心配事をスッキリさせておこうと考えたのです。

かかりつけのお医者さまからも「おばあちゃん、認知症かもしれませんよ」という指摘もあって、大きな病院の専門医を紹介していただきました。

おばあちゃんは「認知症」という言葉を知らなかったため、説明をするために痴ほう症を引き合いに出したところ、「私はボケてないッ!」と怒り心頭。

そのため専門医の診察を受けにいくときは、認知症とも痴ほう症とも言わずに「最近、ちょっと物忘れが多いから調べてもらおうか。お薬で良くなるかもしれないし」と軽い雰囲気で誘い出しました。

「知っている野菜の名前をあげてください」

「100から7を引いたらいくつですか？」

広く行われている認知症のテスト（「長谷川式簡易知能評価スケール（HDS－R）」）を受けたのですが、おばあちゃんはあまり答えられませんでした。帰り道には「あの先生の聞き方が悪い。失礼だ!!」「子どもにするような質問をしてきて、馬鹿にして！」とグチと怒りが止まらず……。

おばあちゃんとしては年齢のせいで少し物忘れがひどくなった程度に思っていましたから、よほど不愉快に感じたのでしょう。


昔から、おばあちゃんはとっても責任感の強い人です。今も「しっかりしなくちゃ」「忘れちゃあかん！」と自分で自分に言い聞かせているほど。

それほど強い意志を持っている人にとっては「ボケている」前提で話が進んだり、自分が無力のように扱われることはプライドが許さなかったのだと思います。たとえ周りにはそんなつもりはなく、ただ心配しているだけだとしても。

認知症のテストをした日に脳のレントゲンも撮ってもらいましたが、前頭葉が萎縮しており、スポンジのようにスカスカ状態なのが素人目《しろうとめ》にも明らかでした。私たちとしては認知症と認めざるを得ない状況でした。

おばあちゃんにも正直に「お医者さんから認知症だとはっきり診断されたよ」と告知したものの、数日経つと「病院には行ってない」と忘れてしまったような口ぶりになったり、かと思えば、突然思い出して「あの先生はおかしい！」と怒りだしたり……。しばらくは忘れたり思い出したりが繰り返されて、結局は忘れてしまいました。

認知症の専門医にははっきりと診断していただいたことは、私たち家族にとっては「おばあちゃんは認知症なのだ」と現実を直視する出来事になりました。一方で、おばあちゃん自身は認知症を認めるまでには至りませんでした。

ただ、ここ1年くらいでしょうか。驚くことに、おばあちゃんが自分の症状を認めるフシが出てきたのです。動画でも「いやね、すぐ忘れちゃって」と言う場面がありますが、最近は「私はすぐ忘れちゃうからね。そういう病気だからね」というニュアンスで話してきたりします。以前はムキになって「私はおかしくない」と言っていたのに……。

「認知症は忘れていく病気だし、ましてや自分の病気を認識することはできないだろう」そんな自分の中の認識がひっくりかえりました。いつかまた忘れてしまうのかもしれませんが、病識が持てる可能性もあるのだなと実感しています。

認知症患者を説明する話の中に「**感情残像の法則**」というものがあります（公益社団法人認知症の人と家族の会ＨＰ『認知症をよく理解するための9大法則・1原則』https://www.alzheimer.or.jp/?page_id=2228）。どういうことかというと、認知症患者は理性の世界から感情の世界へ行く。ですから言ったこと、聞いたこと、行ったことはすぐ忘れるけれど、感情は残像のように残る、という意味です。

いつも笑顔で気持ちよく接することで、おばあちゃんの心に大切なことが伝わったのかな。自分では勝手にそんな風に思っています。

大人のオムツ問題

認知症専門医の診察を受けた頃には、おばあちゃんは排泄の失敗も増えていました。

トイレに間に合わず、途中で汚物を垂れ流してしまうこともあり、オムツをはいてもらおうとしたのですが、最初は渋って首を縦に振ってくれませんでした。困ったときは娘の出番。というのも、孫を溺愛《できあい》するおばあちゃんは、娘の言うことはよく聞いてくれるのです。

そこで「おばあちゃん、ちゃんとオムツつけなきゃだめだよ」と、ときどきジャブを入れてもらったのですが「心配しなくて大丈夫よ」とオムツを取ってしまい、なかなか定着しませんでした。

尿もれもひどくなりました。2017年の終わり頃、「お股から変なものが出て気持ち悪い」というので、子宮脱を疑って病院へ行きました。子宮脱は、骨盤底筋が弱くなり、子宮や直腸などが膣から脱出してしまう、女性特有の病気です。高齢女性にはポピュラーな病気ですが、子宮脱が悪化すると尿もれも激しくなり大変です。おばあちゃんも子宮脱との診断でしたが、すぐに手術とはならず様子見になりました。

在宅介護をすると決めたときには排泄ケアも覚悟していた私。これは自身の幼い頃に、認知症後期だった祖母の介護を目の当たりにしていたことも影響しています。ですが、おばあちゃんの排泄ケアでとっても驚いたことがあります。それは「量」。赤ちゃんとはまるで違います。個人差はあるでしょうが、オムツをしていれば安心、ではありませんでした……。

特に夜は大変。オムツの上に尿取りパットを敷いて、さらに敷布団のシーツの下に防水シートを引かなければ、お布団までもれてしまいます。これは体験してみて初めてわかったことでした。試行錯誤したものの、なかなか良い方法が思いつかず、結局は親族の介護経験を持つ義姉に教えてもらいました。

排泄ケアは介護の基本ですが、お困りの方も多いでしょう。1人であれやこれやと考えるのは大変ですし、うまくいかないと介護される側もストレスが溜まってしまいます。デイサービスの職員さんやヘルパーさんといった介護のプロや、介護経験のあるお知り合いに相談してみることがおすすめです。

私たちが笑顔を失った、あの頃

負のループに殺伐とするわが家

思い返せば2017年から2018年は、おばあちゃんの認知症と最も壮絶に戦っていた頃です。おばあちゃんの症状を書いた当時の記録が残っていました。
その一部をご紹介します。

- 美容院の予約を何度もすっぽかして出禁になる
- かかりつけの歯医者さんに電話をかけまくって業務妨害をしてしまう
- 「無理やり施設に入れられる」と義理姉に何度も電話をかける
- 「テレビが映らない」「クーラーが動かない」と、電気屋さんに電話して大騒ぎ
（本当は壊れていない）
- ショートステイを見学に行ったら「なんで施設に入らなくちゃいけないんだ」
と怒って逃げ出す
- 頂きものを近所中に配り、お隣に何度も行ってピンポンを鳴らしまくる
- 妄想がひどくなり、怖い人がピンポンを鳴らして家を狙っているとおびえる
- 息子を〝見知らぬ怖いおじさん〟だと思い込み、「孫を守らなきゃ」と騒ぐ
- 「2階にお化けがいる」と受験勉強中の孫の部屋をうろちょろする
- 睡眠薬の管理ができず、飲み過ぎで寝ぼけて怪我をすることが増えた

一連のトラブルで受験勉強に集中できないと、孫が激怒。大阪赴任中の息子が毎日おばあちゃんへ電話で諭す。平日は毎日1、2時間ほど話していたが、聞く耳を持たず。話すたびに怒鳴り合い

このような出来事が1日に重複して起こり、家の中は恐ろしいほど殺伐としていました。**誰も悪くないのにみんなの心が追い詰められて、おばあちゃんからも、私たちからも笑顔が失われていました。**

さらに追い打ちをかけたのが、おばあちゃんが軽い脳梗塞を起こして庭で倒れてしまったことです。2週間程度で体力は回復し、大事には至りませんでしたが、さらに認知症が進行したように思います。

今思えば「認知症が進むかもしれない」という視点で認知症の専門医にも相談すればよかった。医学的な勉強が不足していたことに後悔の念が残っています。

ごめんなさい、おばあちゃん。

変わっていくおばあちゃんの生活

脳梗塞で認知症が悪化してしまったことに加えて、子宮脱によってオムツがはずせなくなったこと、寝たきりの時間が増えたことを機に、ついにおばあちゃんは訪問販売の仕事を辞めることになりました。

認知症の影響は仕事にも出ていて、注文間違いや会計ミスなどトラブルが続いていました。家族は引退をすすめていましたが、「1人でもお客さんがいる以上は辞められない」の一点張りで、細々と続けていたんです。

実際に固定のお客さまもいて、注文の電話が来ると、おばあちゃんのやる気モードON！　別のお客さまに営業の電話をかけて注文を頂くのですが、注文をもらったこと自体を忘れてしまってご迷惑をかける。かわいそうなことに、やる気を出すほど悪循環になっていました。

おばあちゃんは固定電話を使って営業していたので、トラブルにならないようにと電話機を隠したこともありました。が、私たちがいない間に見つけだしてかけてしまう。電話番号がわからなければ、104に電話して、人の電話番号を調べてかけまくり……。電話代がひと月で10万円を超えることもありました。

品物を重複して発注し、わが家に段ボールの山ができたことも。倉庫のように部屋が商品であふれてしまったなんてこともありました。

脳梗塞から回復した後は、電話を隠していることにも気づかない状態でした。「電話はどこ?」とふと思い出したように聞かれましたが、「修理中」と言ってやり過ごすと、だんだんと電話がおばあちゃんの世界から消えていき、今では電話の存在自体を忘れています。

2019年には、10年以上続けていたコーラスグループを辞めました。おばあちゃんは歌が得意で、大勢でワイワイすることも好き。コーラスグループは70歳以上の方を対象としたグループで、楽しそうに通っていました。

認知症が進んでからは、グループ内でも「ちょっとおかしい」と思われているらしいことを承知していたのですが、お友達もたくさんいたので続けさせてもらっていました。

歌に自信のあるおばあちゃんは、いつも中央に立って先生の目の前で歌う積極的なタイプでした。それなのに、いつしか練習途中で抜け出すなどの暴走が増え、スタッフさんが大慌てする事態に……。

きっと認知症のせいで宿題を忘れたり、新しい歌を覚えられなくなったりしてつまらなくなってしまったのでしょう。このまま続けていてもグループの和を乱してしまうと思い、やむなく退会することにしました。

マンガ de おばあちゃん

ふしぎな郵便受け

しばらくして…
嫁ちゃーん
どうしたの？
孫ちゃんにお祝いさん、何あげよう？
もう大学3年生だから大丈夫だよ
あら、3年生！
ときどき孫は大学に入ったばかりだと勘違いするおばあちゃん
そうかそうか
やだわー
そのたびに「おめでとうね、お祝いあげないとねえ」と喜んでいます
そして今度は…
大変よ
またポスト見にいったの？

これが入ってたの！
納豆
納豆がポストに!?
なんでポストに入ってるんだ
気持ち悪いねえ
あ
おんなじさんだ！
郵便物を取りにいったときに間違えて入れちゃったんじゃない？
そこまでボケちゃったか(笑)
わが家の納豆でした
そしてさらに…
ポスト見に行ったけど、何にもなかったよ
そっかぁ
っておばあちゃん、その手に持ってるの何…

パイナップルの頭
配達員さん（の車）が止まったけど、何にも入れていかないでいっちゃった
いや…そのパイナップルは…
どうしたのかねぇ
あら～おいしそう
パク
うん、おいしい！
パイナップル大好き
パイナップル食べてたから持っていっちゃったんだね
私が持ってったの？
あらやだ
おばあちゃんいわく、配達員さんは逃げるように去っていったとのこと
ササッ
巨大なパイナップルの頭を持つおばあちゃんを見てびっくりしちゃったのかな（汗）

私が笑顔になったら、おばあちゃんも笑顔に

認知症の人は「一瞬一瞬」を生きている

YouTubeチャンネルに「いつもお嫁さんは穏やかですばらしいです」とか、「どうしてイライラせずにいられるのですか」というコメントをたくさん頂いて感謝しているのですが、はじめからそうできていたわけではありません。

以前はとにかく、おばあちゃんに問題を起こしてほしくないという気持ちが先立っていました。おとなしくしていてもらいたくて、私たち家族はなんでもかんでも「ダメダメダメ」「邪魔しないで」と怒ってばかりでした。らちがあかない

となると、最後はいつもおばあちゃんを悪者にして、2階に避難してしまったり。

今思うと、とてもかわいそうなことをしていました。

現代の医学では「認知症は治ることはない」といわれているのに、私たちは勉強不足でした。「どこかで奇跡的に治るのではないか」と期待したり、「説明すればわかるのではないか」と、誤った見解を持っていたりしたせいもあります。


私たちが怒ったり、説き伏せようとしたところで、おばあちゃんが良くなることは何一つありませんでした。むしろ逆効果だったでしょう。おばあちゃんはますます不安や寂しさを募らせて、認知症を悪化させてしまったように思います。

認知症の人に対して強く対応すると、強い反応が返ってくるというのは一つの特徴です。たとえ、おばあちゃんのためを思っての対応だとしても、本人が納得していなければ、激しい反抗となって返ってきます。


認知症の人は、一瞬一瞬を生きています。

おばあちゃんに認知症を理解してもらおうとか、昔のおばあちゃんに戻ってもらいたいと、過去のしあわせを取り戻そうとしても誰もしあわせになれない。

「今ここ」にいるおばあちゃんと向き合うことが、お互いの「これから」のしあわせにつながっていくと思うようになったのです。

ファイティングポーズを封印

おばあちゃんが要介護1を取った2018年6月あたりから、自分が考え方を変えるしかない、と思うようになりました。


まず、攻撃的な口調で話さないようにしようと決めました。

おばあちゃんは気が強いところがあるので、こちらがファイティングポーズを取ると、おばあちゃんも必ず戦闘態勢になります。

「ダメって言ったじゃない！（怒）」とケンカ腰で言おうものなら、「なんでダメなんだ!!（怒怒）」と倍返しでまくし立ててきます。私の強い口調がおばあちゃんの元来持つ芯の強さを悪い方向で助長してしまったのでした。

今でも同じことを何度も聞かれるとイラっとすることはありますが、そこは我慢。こちらが攻撃的にならなければ、おばあちゃんからケンカを売ってくるようなことはありません。


そしておばあちゃんがすること、言うことについて、細かいことに目くじらを立てず、大雑把にとらえるようにしました。会話のペースを合わせて、いいところは積極的にほめて、相槌を打ってあげるようにする。**おばあちゃんとの向き合い方をおばあちゃんに伝わるように、一つずつ変えていきました。**

自分の振る舞いを変えたことで、おばあちゃんと言い合うこともなくなりましたし、なによりイライラが減少。心にゆとりができたのか、日常のちょっとしたことで笑えるようにもなりました。

そうこうするうちに、おばあちゃんにも笑顔が戻ってきたのです。負のループから笑顔のループへ。おばあちゃんがニコニコしていることで、私たち家族にも笑顔が広がりました。

「認知症？」と思ったらすぐ病院へ

2017年に認知症専門医の診察を受けるまで、私たちは何度も認知症のサインを見過ごしていました。「アレ？　おばあちゃんおかしいかも」と思ったときに、すぐ専門医に診《み》てもらっていたら、もう少し進行を遅らせることができたかもしれない。そんな後悔もあります。

現代医学では認知症の完治は難しいといわれていますが、その兆候にいち早く気づいて対応すれば、発症を遅らせたり、進行や予防につなげられたりするケースがある。そのことをもっと早くに知っていたら……。

おばあちゃんの車を廃車にしたあたりで、専門医の診察を受けていたなら、状況はまた変わっていたかもしれません。

夫婦間で、もっと早くからおばあちゃんの症状について議論していれば、と思ったこともあります。お互いに自分の仕事の忙しさや娘の進学など目の前のことを優先していたのは事実です。「あのしっかりしたおばあちゃんに限って……」「年のせいだろう」と放っておいてしまった。

対応がわからず、おばあちゃんを叱り、除け者のように扱ってしまったことで、認知症が進行してしまったのかもしれない。どれも「たられば」なのですが、今でも胸が苦しくなることがあります。

もしみなさまの中に同じような状況の方がいたら、できるだけ早く診てもらっていただきたいです。ストレートに「認知症かどうか調べに行こう」と言えなければ、別の理由をこじつけてでも。それこそ嘘も方便だと思います。

まずはかかりつけ医に相談して、専門医を紹介してもらうのも良いと思います。早期対応がなにより大切です。

Column

「昔のお母さんに戻ってほしい」からの脱却

こんにちは。だんだん・えむの夫です。息子の立場から、母親が認知症になったことで抱いた葛藤と乗り越え方についてお話しさせてください。

私が転勤で大阪にいた約2年半は、わが家が最も混乱していた時期です。おばあちゃんの認知症が悪化して、娘の受験勉強の邪魔をしまくり、妻はおばあちゃんの世話にてんてこ舞い……。離れて暮らしていたため、余計に気が気ではありませんでした。

私の中には元気な母親のイメージが根強くありましたから、専門医に認知症だと認定されても、それを認めたくない気持ちがありました。

——親父を早くに亡くして、片親で私たち兄弟姉妹を育ててくれた母親。

――幼い頃、高熱を出した自分を背中におぶって夜間病院へ走ってくれた母親。「明朗闊達《かったつ》でタフな母親像」から抜け出すにはずいぶん苦心しました。あの母が認知症になるわけがない。これまでの思い出がなくなるわけがないと。絶対元に戻ると信じたかった。

家族が認知症を受け入れるにはステップがあるといわれています。葛藤からはじまり、やがて現実を理解する。そしてあきらめが来て、状況を受け入れるのだと。私の場合はまさしくその通りでした。

診断を受けた当初は「何か刺激があれば治るんじゃないか」「何度も言えばわかるだろう」と本気で思っていました。ですから毎日のように大阪からおばあちゃんに電話をかけて、2時間ぐらい話していました。認知症であることを認めさせよう、困った振る舞いをやめさせようと説明を繰り返していました。

しかし「自分が言ったことを忘れてしまうのは認知症だから」と症状について

話すと、「忘れてなんていない」と返される。

「じゃあ、僕が最初に言ったことを覚えてる?」というと、「そんなこと言われていない」と、まったくかみ合わない。

「孫が受験勉強しているから静かに」「2階に上がらないで」「下から呼ばないで」と繰り返しお願いしても直してくれない。おばあちゃんの中で孫はまだ手のかかる子どもの設定になっていますから「自分がそばにいなければダメなんだ」と、私の理屈が通らない。

業を煮やして「とにかく2階には行くな!」と私がキレると、「親に向かってその口の利き方は!」と全面戦争に……。家中に響き渡るおばあちゃんの声に、妻がびっくりして止めに入るという負のループを繰り返していました。感情と感情がぶつかりあうだけで何も解決しませんでした。


そんな私が「あるべき母親像」から脱却し、今の状況を受け入れられるようになった。そのきっかけはYouTubeでした。妻と娘がはじめた『認知症ポジティブおばあちゃん』が、新たな母親像を創る入り口となったのです。

動画に映る母は、私が昔から知っている母ではありません。昔の母にもう会えないことは正直寂しいし辛いですが、『認知症ポジティブおばあちゃん』も間違いなく、母の一面なのだと受け止めています。

われわれのYouTubeチャンネルに寄せられるコメントを読んでいると、実の親の認知症に戸惑い、少し前の私と同じように「昔のお母さん、昔のお父さん」を引きずって苦しんでいるのかな、と感じることがあります。

昔の母親像、父親像から抜け出すには、新しい母親像・父親像の上書きが必要です。「母親は〇〇な人」というイメージをいったんまっさらにして、『今』の母親は〇〇な人」と描き直すのです。

うちのおばあちゃんがネクタイを売っていたことを話し出したように、あなたの知らなかったことを話してくれるかもしれません。カメラを向けたら、意外とポーズをとるのが上手かもしれないし、もしかしたら踊ってくれるかも。大切なのは元に戻そうとするのではなく、今目の前にいる親の世界を尊重すること。そこから新たな母親像・父親像が生まれてくるのではないでしょうか。

ドキドキの要介護認定調査

初めての認定調査に緊張が走る

専門医から認知症の診断を受けた後、在宅介護をすると決めた私たちは、要介護認定を取るために情報収集をはじめました。

ネットで体験談を読むと「要介護認定の調査委員の方を前にすると、本人がいつになくしっかり受け答えをする」というケースが多いことを知りました。おばあちゃんは長年接客業をしてきたので、すごくあてはまりそう……。普段のありのままの姿を見てもらうためにはどうしたらいいだろう？

そう悩んでいたとき、職場の福利厚生の一環で、介護セミナーが開かれました。わが家の状況を相談したところ、「介護者がどれぐらい介護に時間を要するか、具体的に伝えることがポイント」とアドバイスを頂きました。何分、何時間という**介護に要する時間＝介護の手間によって、要介護度のレベルを判定される部分が大きいからです。**

要介護認定調査で調査員さんの質問に答えるのは、基本的に本人です。おばあちゃんがどんな様子で、どの程度介護が必要な状態なのかを聞き取ります。家族はそれに立ち会う形です。

「立ったり座ったりはできるか」「歩行の具合はどうか」「聴力や視力はどうか」「身だしなみを自分で整えることができるか」「食事はどうしているか」など、日常生活の基本的なことが、どの程度できるかを答えていきます。

さらに、「今日の日付がわかるか」などの認知機能や、「物を破壊する」「大声を出す」などの問題行動があるかどうか。そして、「買い物ができるか」といった日常生活の不自由さや混乱、社会適応についてチェックします。


2018年4月に、初めて要介護認定調査を受けました。

おばあちゃんには調査員の方とは伝えず「市役所の人が来るよ」と言っていました。「何しに来るの?」と盛んに聞いてくるので、「ちょっとお話を聞きたいんだって」「怖くないよ」となだめていましたが、前日からソワソワ落ち着かず、ずっと掃除ばかりしていました。


2018年の年明けくらいからオムツ生活になり、脳梗塞で倒れ……。気丈なおばあちゃんではありますが、自分の変化を肌で感じていたのでしょう。

当時はわが家の雰囲気が殺伐としていた頃でした。おばあちゃんにうんざりした夫が「施設に行くことになっちゃうよ」と少々脅すようなことを口にしてしまったこともありました。

だからこそ市役所の人が来ると聞いて「ここで失敗したら施設に入れられてしまうかもしれない」と恐れていたのかもしれません。

せっせと掃除をするおばあちゃんの背中からは「きちんとしなくちゃ感」が漂っていて、私も「どうなることか」とドキドキでした（関連動画：【ルーティン】ドキドキ！認定調査の面談前ルーティン！）。

調査員さんに正しく理解してもらうためにレポートを作成

聞き取り調査では、普段できていないことをおばあちゃんが「できる」と答えてしまうような場面もありました。そこで私たちが否定すればまたケンカになってしまうと思い、ひたすら「うんうん」と頷《うなず》いて聞いていました。

だからといって、実情を知ってもらわないことには正しく認定して頂けません。そこで、症状に関して思い出せる限りをまとめたレポートを事前に作成しておいて、調査員さんが帰られる際にお渡ししました。

【調査員さんにお渡ししたレポート内容の一例】

①おばあちゃんの行動について（家族にどんな影響があるかも正直に記入）
トイレに行く頻度（夜〇回、〇分置きにトイレに行く、その介助で家族は連続して睡眠が取れていない）
オムツについて（子宮脱になり使用。取り換えは1日〇回）
昼夜逆転で、家族が起きてしまうほどの大きな声で夜中に叫ぶ
「お金がない」と日に〇度も騒ぐ。なだめるのが大変
お隣に何度も同じ質問をしに行き、ご迷惑をかけている
「怖い人が庭に入って襲われる」という妄想にとらわれる
「物を盗られた」と、月に〇回、交番のお世話になった
〇月〇日、脳梗塞になり庭で倒れる（本人は庭で寝ていたと思っている）
②家族側の介護に関する内容など
認知症の専門医から〇月〇日に認知症と認定された
家族側がトイレ掃除（排泄ケアのため）にかかる時間（毎日〇時間）
食事の介護にかかる時間（毎日〇時間）
入浴の介助にかかる時間（2人がかりで〇時間）

レポートをご覧になった調査員さんから、後日詳しい説明を求められたことがありました。

その際に困ったのが、時系列の記憶が定かではなかったこと。出来事自体は思い出せるのですが、「それがいつのことなのか」を忘れていたのです。市区町村によって多少違うかもしれませんが、調査員さんは、「いつ頃の話か」「そういうことが何回あったのか」ということを詳しく知りたがっていました。

介護をされているご家族の方は、レポートづくりに備えて具体的な数字を日記のようにつけておくといいと思います。日々の出来事や症状と共に、日付、頻度や起こった回数などを記録しておくのです。

また、「アレを書くのを忘れた！」ということもありがちです。家族みんなで読んで、それぞれが思い出したことを追加すると安心です。より細かく、具体的に書くことで、介護や介助の大変さが伝わりやすくなります。

便利なサービスはどんどん活用しよう

ちなみにおばあちゃんは2018年、2019年、2022年に要介護認定を受けていて、要介護1→要介護2→要介護2と推移しています。継続的に調査を受けますので、状態に応じて要介護度が変わることもあります（図1）。

要介護度が高いほど、さまざまなサービスを利用できます。介護保険の自己負担額は所得に応じて違いますが、わが家の場合、デイサービスの負担が1割で済むようになったことは本当に助かっています。

またご家族の勤務先によっては、オムツ代の補助やお見舞金、何かしら介護の知識が学べる支援制度を設けている企業もあるでしょう。私は職場の紹介で、株式会社ベネッセコーポレーションが取り組む介護事業のお世話になりました。認知症の基礎知識から要介護認定のてびき、そして将来お世話になるかもしれない

図1　要介護状態区分別の状態像

要介護度	低下する日常生活能力 (80%以上の割合で何らかの低下がみられる日常生活能力※)
要支援1	起き上がり、立ち上がり
要支援2／要介護1	片足での立位、日常の意思決定、買い物
要介護2	歩行、洗身、つめ切り、薬の内服、金銭の管理、簡単な調理
要介護3	寝返り、排尿、排便、口腔清潔、上衣の着脱、ズボン等の着脱
要介護4	座位保持、両足での立位、移乗、移動、洗顔、整髪
要介護5	麻痺(左下肢)、食事摂取、外出頻度、短期記憶

※ 全74項目の要介護認定調査項目において、
・介助の項目(16項目)で、「全介助」又は「一部介助」等の選択肢
・能力の項目(18項目)で、「できない」又は「つかまれば可」等の選択肢
・有無の項目(40項目)で、「ある」(麻痺、拘縮など)等の選択肢を選択している割合が80%以上になる項目について集計

注 1) 要介護度別の状態像の定義はない。
注 2) 市町村から国(介護保険総合データベース)に送信されている平成26年度の要介護認定情報に基づき集計(平成28年2月15日時点)
注 3) 要介護状態区分は二次判定結果に基づき集計
注 4) 74の各調査項目の選択肢のうち何らかの低下(「全介助」、「一部介助」等)があるものについて集計

出典：「要介護認定の仕組みと手順」厚生労働省老人保健課

介護施設の情報などを教えてもらいました。

高齢者向けの行政サービスもさまざまなものがあります(市区町村によって異なる場合もあります)。歩行器具のレンタルや、髪のカットに来てくれるサービス、オムツ代が医療費控除の対象になる制度(所得によって異なります)など、調べるといろいろな支援があります。

行政サービスについては、まとめて紹介する冊子をつくっている市区町村も多いようです。役所や公的施設などで入手できます。地

域包括センターでも介護の相談を受けてくれるようです。**悩んでいる方は、決して1人で問題を抱え込まず、便利なサービスをどんどん利用なさってください。**

オムツ卒業の奇跡！

子宮脱の手術で入院

子宮脱をきっかけにオムツ生活がはじまり、脳梗塞で倒れ、好きだった仕事もコーラスも断念。この頃には子宮脱がかなり悪化して、ほぼ寝たきり状態になっていました。おばあちゃんの世界がどんどん狭いものになっていく中、様子見していた子宮脱も手術が必要になりました。2019年4月のことです。

認知症が進んでいたこともあり、病院に迷惑をかけるのではないかと心配でした。入院するときには気丈に振る舞っていたおばあちゃんでしたが、案の定、ベッドの上で日に日に弱り、うつろな様子になっていきました。それを見て、「おしゃべりなおばあちゃんは、もう戻ってこないのかな」としんみりしたり……。あんなに厄介者扱いしていたのに、勝手なものです。

ところが手術後、お見舞いに行ったある日。なぜかおばあちゃんがナースステーションの真ん中に鎮座していたのです。一番偉いチーム長のように、自分のノートを見ながら仕事をしているそぶりをしています。まるでコントを見ているかのようでズッコケました（笑）。

心配性のおばあちゃんのことですから、きっとナースコールを何回も押したのでしょう。看護師さんたちからすれば「いっそ近くにいてもらった方がいいわ」というわけで、こんなことになったと想像しています（病院のみなさん、その節はご迷惑をおかけしました）。それでも少し元気そうに見えたおばあちゃんにホッとしたものです。

そんな様子でしたが、結果的には入院期間が予定よりも延びて、退院したときのおばあちゃんは介助なしでは歩けなくなっていました。翌月には杖を買い、歩く練習をしました。要介護度も1から2になりました。

「このまま体もだんだん不自由になってしまうのかな」

そんな不安を感じていた中、奇跡が起こりました。子宮脱の手術が功を奏したようで、尿もれが改善。なんとオムツを卒業したのです！

おかげで排泄ケアにかかる時間は劇的に減りました。ただし、おばあちゃんは排泄したかどうかを忘れてしまいます。大げさではなく数分置きにトイレに行くので、トイレットペーパーの膨大な消費量が気がかりです（苦笑）。

なんといっても排泄は人間が人間らしく生活するための基本です。オムツを卒業できたことで、おばあちゃんの体の底から元気が湧いているのが側にいてわかりました。

お薬より自由に動くことを優先

認知症の認定を受けたときに、専門医の方から「薬なんか飲まないで、どんどん外に出て、デイサービスにも通ってみてください」というアドバイスを頂いたのですが、それはおばあちゃんにとても合っていたと思います。

認知症のお薬は根本治療ではないものの、症状に応じて進行を遅らせることができるとされているものがあるそうです。おばあちゃんも子宮脱で入院した際にお薬を試したのですが、効きすぎてヨダレが出て、まったく覇気がなくなってしまいました。以来、服薬は控えています。

決してお薬を否定するわけではないのですが、おばあちゃんの場合はそういうこともあったので、現状を維持できている段階ではお薬を使わずにいくつもりです。いくら進行を抑えるといっても、1日中お布団に寝転んでボーっとしているよりは、自由に動き回っていてほしい。それが私たち家族の考えです。定期的に医師と相談しつつ、慎重に検討していきます。

しかし、認知症とひとことでいっても実にさまざまです。代表的な疾患はアルツハイマー型認知症ですが、他にも脳血管性認知症、レビー小体型認知症、前頭側頭型認知症など、さまざまな種類の症状があります。複合型と呼ばれるものもあります。

疾患や症状によっては、必ず服薬した方がいい場合もあると思います。信頼できる専門医に診てもらい、認知症の種類、症状、本人の投薬の効果などを踏まえて最適なお薬を処方していただくと安心です。

マンガ de おばあちゃん

ん、大活躍!?　入院中の出来事

ピー
どうされましたー?
もしもし、家に帰りたいんですけど〜
ピー
これから何をするんでしょうか?
手術ですよー
がんばりましょうねー
ピー
早く家族を迎えによこして!
どうして入院するのかを忘れて大騒ぎ!
私たちがいない間は、何度も看護師さんを呼び出していました

さらに手術は長時間にわたり、生死をさまよう大手術となりましたが、無事成功しました
手術中
あ、おばあちゃん
気分どうですかー?
いたっ!痛いよ!!
どうしてこんなに痛いの?
手術したのよがんばったね!
手術?なんのこと?
いたいよー
暴れるおばあちゃん!手術直後はどうなることかと思いましたが…
痛み止め
翌日からは痛み止めが効き、快適に過ごせたようです

おばあちゃん、落ち込んでないかなあ
さすがに大手術だったからなあ
心配だね
手術から数日後、家族でお見舞いに行くと病室におばあちゃんの姿がありません
あれいない…
どこに行ったのかしら?
イスがない??
談話室かな?
え?
おばあちゃん??

ナースステーション
どーーん
チーム長
あら~嫁ちゃん
今お仕事中なのよ
チーム長
そ、そうなの
すごいねえ
でしょ~
なんでも、元気すぎて
病室を出て徘徊したり、
ナースコールで何度も
看護師さんを呼んだりと
ご迷惑をおかけした結果
今日は何日?
ごはんは何時?
ナースステーションに
「チーム長」として
特別席が用意されたそうです

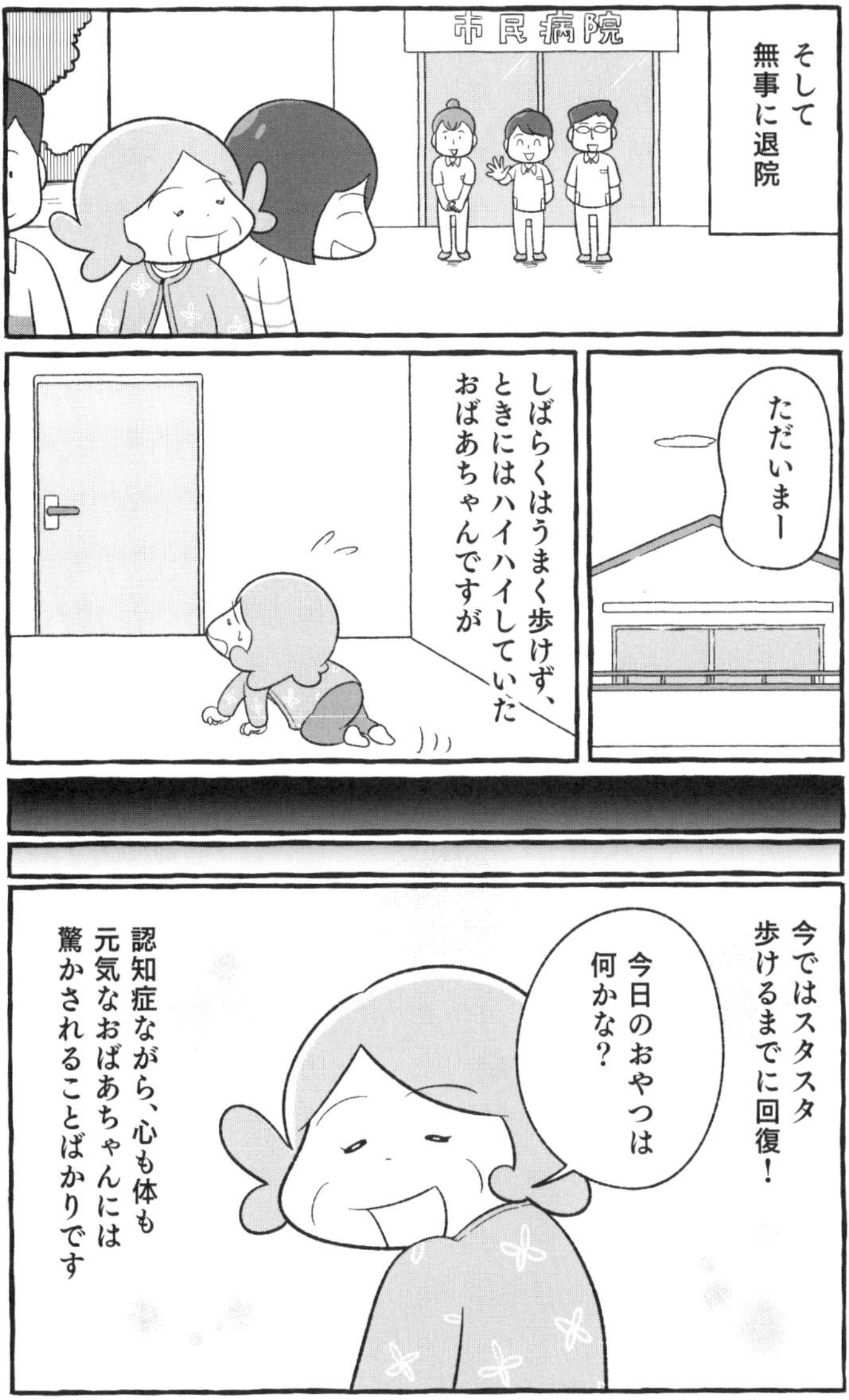
市民病院
そして無事に退院
ただいまー
しばらくはうまく歩けず、ときにはハイハイしていたおばあちゃんですが
今ではスタスタ歩けるまでに回復！
今日のおやつは何かな？
認知症ながら、心も体も元気なおばあちゃんには驚かされることばかりです

親戚に見てもらいたくてはじめたYouTube

きっかけはコロナ禍

数々の紆余曲折《うよきょくせつ》を経て、少しずつ穏やかさを取り戻してきたおばあちゃんとの生活。ふとした思いつきで、2021年からYouTubeの投稿をはじめました。YouTubeをはじめたのは、私と娘。私自身はInstaglamやTwitterなどのSNSにはめっぽう疎いのですが、YouTubeは娘がよく見ていて知っていました。まさか自分がYouTubeチャンネルを持つなんて。自分でも驚きの展開です。

きっかけはコロナ禍。親戚に会うこともままならなくなった一方で、私の在宅時間が増えたり、デイサービスがお休みになったり。おばあちゃんと向きあう時間が増えたことで「動画をアップしたらおもしろいかも」と思い立ったのです。

私自身、ファイティングポーズを封印してから、おばあちゃんのおもしろいところや個性に目が向くようになっていました。心のゆとりができたのでしょう。歌を披露してくれたり、若い頃の話なんかを身振り手振りで話してくれる姿がおもしろかわいくて、親戚に見せたら喜んでくれるかな、と思ったのです。

1作目は、お花見に向かうドライブ中に、おばあちゃんが森山直太朗さんの「さくら」を歌っている様子を撮ったもの。それを観た親族が涙を流して喜んでくれたものでした。

私たちにもできることがあるかもしれない

それから投稿を重ねていくうちに、親戚以外の視聴者の方々からコメントがつきはじめました。これはまったくの想定外でした。

おばあちゃんの明るさにいやされるというものや介護生活を応援してくれる声。コメントのパワーは偉大で、介護の疲れも一気に吹っ飛んでしまうほどでした。更新を楽しみにしてくれる方もいて、動画制作のモチベーションも上がりました。次第にコメントの内容も幅広いものになりました。最近では私たちと同じように認知症患者の介護をしている方や、若い方が「将来家族や自分が認知症になったら……」という視点でコメントしてくれるようなこともあります。

介護に一緒に取り組める相手が家庭内にいる。そんな私たちは恵まれています。中にはお1人で在宅介護をされている方もいらっしゃいますし、さまざまな環境で認知症や介護と関わっている方がいるのだなと感じます。

強烈に覚えているのは「おばあちゃんの動画を観て、死ぬのをやめた」といった意味合いのコメントです。コメントをくれた方は、介護生活で心が折れそうになってしまったのでしょうか。詳しいことは存じ上げませんが、このコメントをきっかけにこう考えるようになりました。

「私たちにできることは何だろう？」

「認知症ポジティブおばあちゃん」の「ポジティブ」とは、おばあちゃんの性格を指すだけではなく、介護者が「ポジティブ」でいることも意味しています。

おばあちゃんがポジティブキャラでおもしろいというだけではなく、「認知症をポジティブにとらえる」「ポジティブに介護する」という動画を発信していく。

それこそが役目の一つかもしれないと思うようになりました。

私たちの動画が介護で苦しむ方々の希望になるのなら、本当にうれしいのです。

図2　わが家の出来事年表

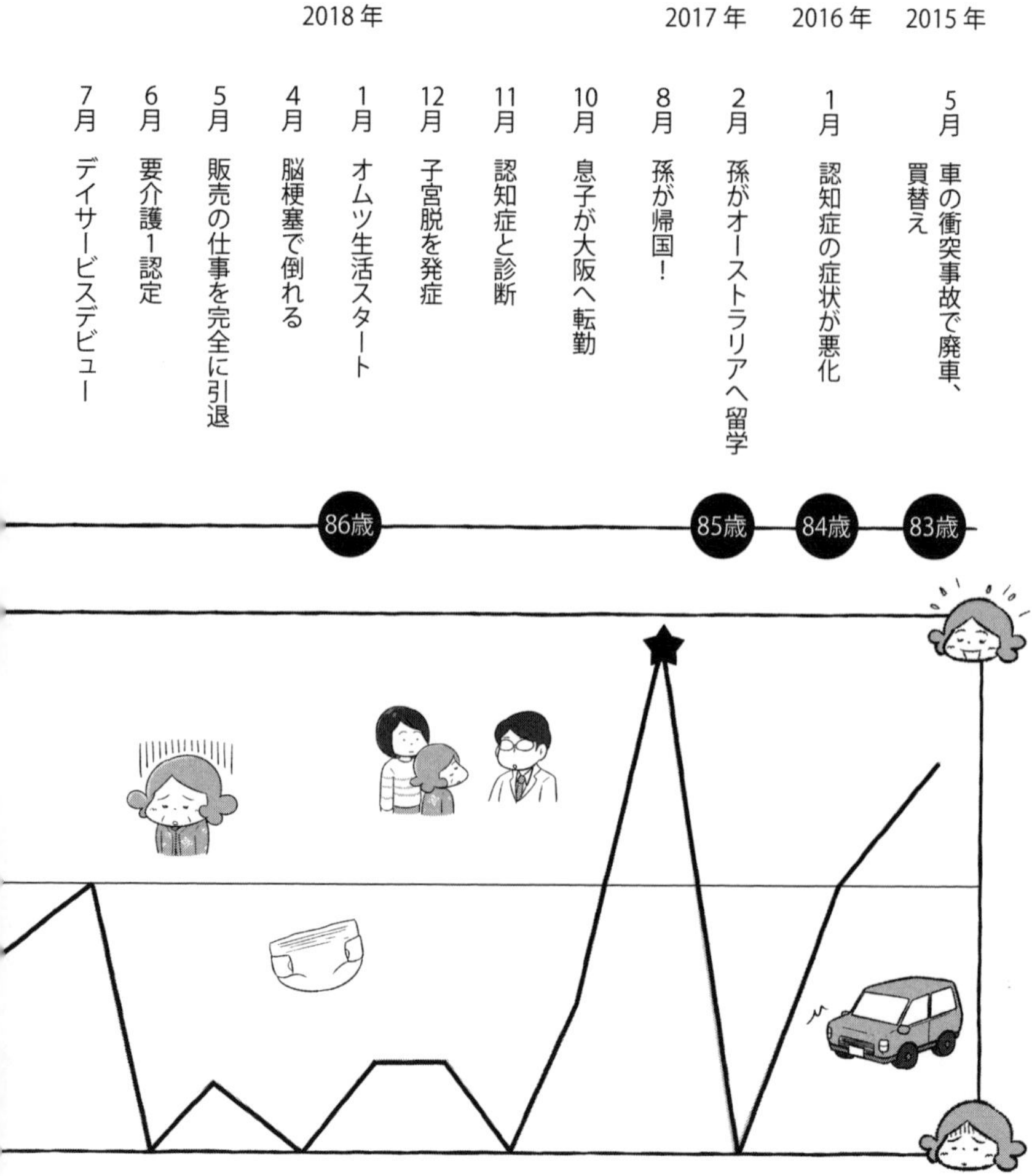

2019年

- 1月 コーラスを辞める
- 4月 子宮脱の手術で入院
- 6月 要介護2認定
- 8月 おむつ卒業&杖なし歩行復活!

2020年

- 3月 孫が大学合格!
- 4月 息子が転勤から戻る

2021年

- 3月 YouTube配信スタート!

2022年

- 6月 TOKYO MX「バラいろダンディ」で紹介
- 9月 15年ぶり松江に帰郷
- 11月 90歳のバースデー
- 12月 書籍出版!

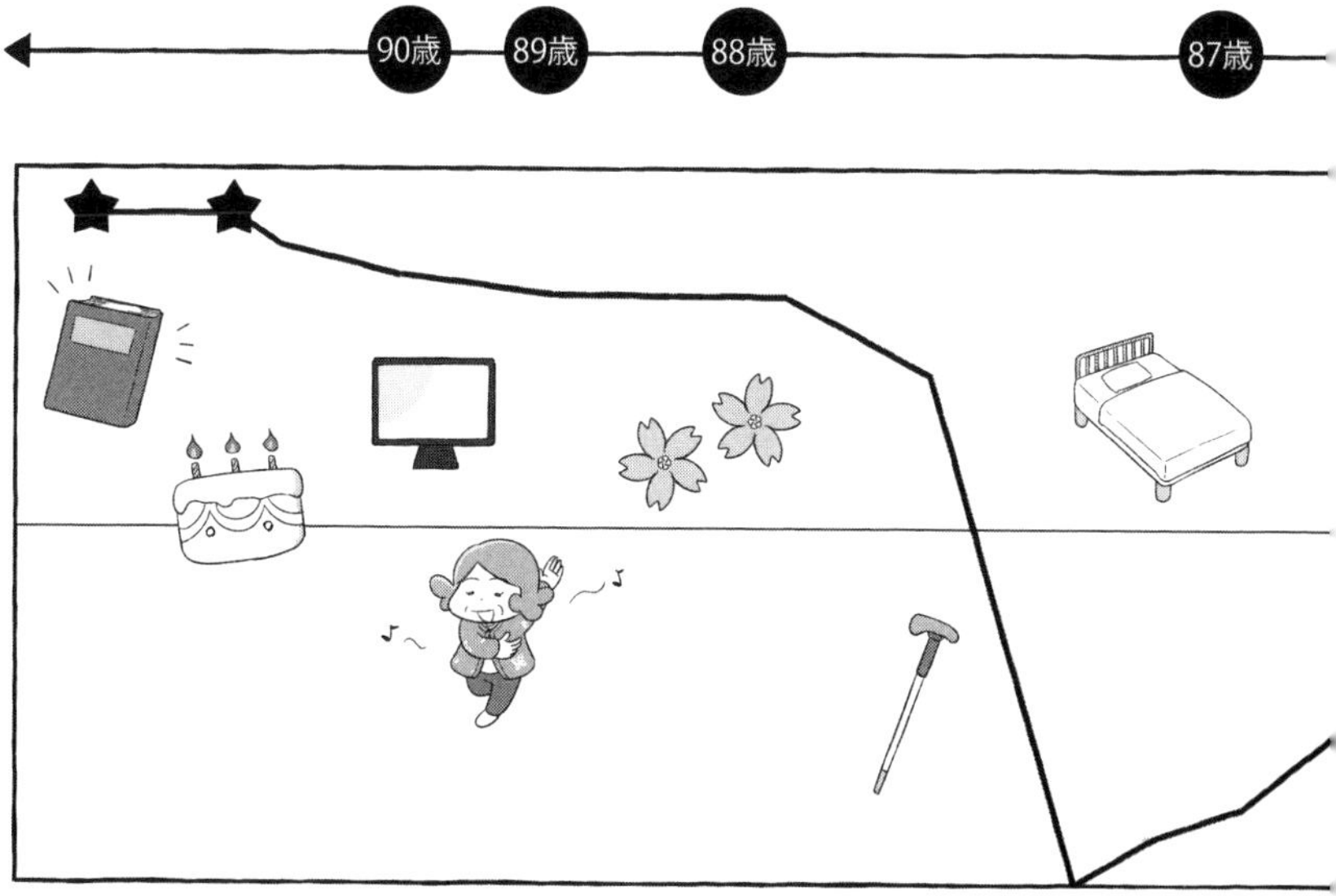

本Chapter関連のYouTube動画はこちら

「若かりし頃の写真初公開／松江帰郷で記憶混沌／ホテルで徘徊／次回予告あり（カバン屋探すおばあちゃん）」

（https://www.youtube.com/watch?v=lVLh1Ju06Tk）


「【ルーティン】ドキドキ！認定調査の面談前ルーティン！」

（https://www.youtube.com/watch?v=NKSEt_plrnQ）

Column

ハッピーワイフ、ハッピーライフ！

～おばあちゃんを支える妻への感謝～

こんにちは。だんだん・えむの夫です。

ここで、私の目から見た妻とおばあちゃんについて、お話しさせてください。

正直言うと、妻がここまでおばあちゃんに寄り添い、尽くしてくれるようになるとは、思っていませんでした。

私は父親を早くに亡くしていますから、おばあちゃんと同居するとなった時点で「おばあちゃんに何かあったら妻に助けてもらわないとやっていけないな……」と感じていました。

実際におばあちゃんが認知症になり、いざ介護となったら、今までどおりにいかないことばかり。ハッキリ言って、妻にいつ出ていかれてもおかしくないような状況の連続で、ヒヤヒヤした時期もあります。

私は長男で姉が2人いますが、それぞれの深い事情から、介護のかじ取りは妻が中心となって行っています。妻が事情を理解してくれているのもとてもありがたいことです。身内をほめるなんておこがましいことは百も承知ですが、私から見ても尊敬に値するほどの〝神対応〟。本当に感謝しています。

妻のおばあちゃんへの対応は、日常もYouTubeでご覧いただける様子と何ら変わりません。決して動画内の演出ではないのです。

その点、私はまだまだ。実の母親だという甘えがあると思いますが、私の対応を見せるのは正直恐ろしいです。在宅勤務でリモート会議をしていたとき、おばあちゃんが騒ぎ出したことがありました。それに対して思わず怒鳴ってしまった様子を会社の人に聞かれてしまった。そんな青ざめた経験もあります。その点、妻はおばあちゃんの突然の暴走にも、あわてず騒がず。観音様のように微笑んで、「大丈夫だよ〜」と声をかけてあげています。

オーストラリアのことわざですが「ハッピーワイフ、ハッピーライフ!」とはよくいったものです。妻がごきげんでいてくれることで、おばあちゃんも私も娘も、家族みんながハッピーなバイブレーションに包まれています。

おばあちゃんがポジティブなのは地の性格もありますが、認知症になった今、それを失うばかりか、さらに魅力全開で晩年を過ごせているのは、間違いなく妻のあり方が変わったからです。

その裏には、YouTube チャンネルをはじめたことが大きく関係しています。地獄絵図と化していたわが家は、YouTube のおかげで笑い合える時間を取り戻すことができたわけです。

YouTube がどうやって私たちにしあわせを届けてくれたのか？　詳しくは妻にバトンタッチして、語ってもらいましょう。

Chapter 2

YouTubeが家族の絆を強くする

日常をさらけ出す理由

「認知ショータイム」と「認知症あるある」

現在、『認知症ポジティブおばあちゃん』の動画は大きく二つのテーマでつくっています。一つはおばあちゃんが特技を披露する「認知ショータイム」、もう一つはおばあちゃんの日常をありのままにご紹介する「認知症あるある」です。

1本目の動画が「さくら」を歌うおばあちゃんだったように、はじめたばかりの頃はおばあちゃんの特技や面白いキャラクターを観てもらおうと思っていました。おばあちゃんは気分がいいと、コーラスで習った曲や若い頃に覚えた曲を歌い出すので、まずは歌からいってみようと。

YouTubeチャンネルをはじめた頃の更新頻度は月1回程度。私が動画撮影や編集に不慣れだったこともあり、運良くおばあちゃんがおもしろいことをする様子が撮れたら動画をつくる程度でした。

そのような動画でも親戚は楽しみにしてくれていたので、もっと更新頻度を増やせたらいいなと考えるようになりました。

そこで特技だけではなく、ふだんのおばあちゃんを観てもらうのはどうだろう、となり、4本目の動画でデイサービスに行く前の「お出かけ前奮闘記」をアップ。これに大きな反響があったのです（動画のQRコードは214ページ参照）。

内容は、デイサービスに行く3時間前から、持ち物点検、服装選び、お化粧直しと念入りに準備する様子を追ったもの。おばあちゃんの日常の一コマをありのままに見せた、初めての動画でした。

親戚以外の方からぽつぽつとコメントが付きはじめたのもこの頃からでした。

今まで数十回だった再生数が突如、何千回に増えて驚きましたが「認知症の人のリアルな暮らしを知りたい方が多いのだな」と感じました。

在宅介護はキレイゴトではすみません。わが家も例外なく、歌ったり踊ったりばかりの日々ではないのです。

同じように認知症患者の介護をしている方が「ポジティブなおばあちゃん、素敵な映像ですね。でも、そればっかりじゃありませんよね。がんばってくださ い」という内容の励ましのコメントをくださることがあります。わかる方にはわかるのですよね。

次第におばあちゃんの特技ばかりを見せることが、嘘っぽく感じるようになりました。「もっと伝えるべき大切なことがあるかもしれない」と。

おばあちゃんのおもしろいところだけでなく、私たち「介護者の視点」も見ていただく。そうすることで、親戚以外の誰かの役にも立てればいいな、と心境が変化していきました。以降、おばあちゃんの日常を見せる動画も積極的につくるようになったのです。

おばあちゃんの日常を見せる動画については、夫とずいぶん話し合いました。「認知ショータイム」に比べてデリケートな部分が増えますから、必ずしも好意的に見てくれる人ばかりではないだろうと。

さまざまな価値観の方がご覧になる中で、私たちにできることは何なのか？ これは今も模索している課題ですが、**私たちが発信する上で大切にしているのは「ポジティブな介護」という視点です。**

認知症や介護という言葉に対しては、どうしてもネガティブなイメージがつきまといます。実際に大変なことも多いですからあたり前なのかもしれません。ですが、認知症や介護は、多くの方が人生のどこかのタイミングで向き合うことになる存在。その日が来るのをただおびえて過ごすというのは辛いことです。

おばあちゃんと私たちが前向きに暮らしている姿を発信することが希望になる

なら。微力ながら、不安な将来に光を灯す存在になれたらうれしいです。

私たちは認知症や介護の専門家ではありませんし、認知症の症状も患者それぞれに異なります。「認知症あるある」的な症状に対するわが家の対応はあくまで一つの方法に過ぎませんが、何か一つでもお役に立てたらいいなと思います。

ちなみに動画に対するおばあちゃん本人の反応は、といいますと……。どの動画を見るときも笑顔満開です。ときには自分の行動に対してツッコミを入れながら見ています（笑）。まるで女優さんや芸人さんになった気分の様子。

エンターテイナーとして新しい活躍の場ができたと喜んでいるのでしょう。これからもおばあちゃんが嫌がるようなことがない限りは、動画の投稿を続けていきたいと思います。

気分は女優♪
カメラに映ることがおばあちゃんの生きがいに

YouTubeをはじめると決めたときから、「おばあちゃんが撮影や動画の投稿を嫌がることはない」そんな自信がありました。というのも、長年おばあちゃんと暮らしてきた中で、結構目立つのが好きだということがわかっていたからです（笑）。

自分が出ている動画を初めて観たときは、「あなたが撮ったの？　まあ驚いた」「私映ってる。恥ずかしいね」なんて言いながら、自分の姿に釘付け！　ほおを赤らめて、とってもうれしそうでした。「これが世界中に流れるんだよ」と話すと「観る人がいるのかねえ？」なんて言いながら、まんざらでもない様子でした。

おばあちゃんはパソコンやインターネットがどういうものなのかピンときていませんし、ましてやYouTubeが何なのかわかっていません。ですから細かく説明すると余計にわからなくなってしまうので「映像を共有して、世界中で観られる仕組みができたんだよ」と説明しています。

動画を公開する前には、必ず「おばあちゃんチェック」を通します。じーっと観て、最後は笑って。一度も嫌がられたことはありません。ときには「すごいね。

やだ、もう女優だね」と自画自賛しています（笑）。

撮影にはたいていスマホを使っています。おばあちゃんにもスマホを見せて「これでおばあちゃんを撮影するよ」と説明すると、撮られていることを意識して、ニコッとキメ顔をしてくれます。少し時間が経つと「それ（スマホ）は何？」と忘れて素の表情を見せてくれるのも、カメラマンとしてはありがたいのです。

おばあちゃんは心配性のしっかり者。昔から家にいるだけの日でもキレイにお化粧する人でした。

撮影をはじめて少し経った頃から「こんな感じでどう？」「頬紅さん、もう少し足しますかね？」と私に聞いてくるようになりました。どうやら撮られることを意識しているようでした。今では「動画を撮るよ」と言えば、ささっとお化粧直しをして「ハイハイッ」とスタンバイ。慣れたものです。

動画をご覧になった方は「おしゃべりなおばあちゃんだなあ」と思っているか

郵 便 は が き

料金受取人払郵便

牛込局承認

5044

差出有効期限
令和6年5月
31日まで

1 6 2-8 7 9 0

東京都新宿区揚場町2-18
白宝ビル7F

フォレスト出版株式会社
愛読者カード係

フリガナ お名前	年齢　　　歳 性別（ 男・女 ）
ご住所 〒 ☎　（　　）　FAX　（　　）	
ご職業	役職
ご勤務先または学校名	
Eメールアドレス メールによる新刊案内をお送り致します。ご希望されない場合は空欄のままで結構です。	

フォレスト出版の情報はhttp://www.forestpub.co.jpまで!

フォレスト出版　愛読者カード

ご購読ありがとうございます。今後の出版物の資料とさせていただきますので、下記の設問にお答えください。ご協力をお願い申し上げます。

●ご購入図書名　「　　　　　　　　　　」

●お買い上げ書店名「　　　　　　　　　　」書店

●お買い求めの動機は?

1. 著者が好きだから　　2. タイトルが気に入って
3. 装丁がよかったから　　4. 人にすすめられて
5. 新聞・雑誌の広告で(掲載誌誌名　　　　　　)
6. その他(　　　　　　)

●ご購読されている新聞・雑誌・Webサイトは?

(　　　　　　)

●よく利用するSNSは?(複数回答可)

☐ Facebook　☐ Twitter　☐ LINE　☐ その他(　　　　)

●お読みになりたい著者、テーマ等を具体的にお聞かせください。

(　　　　　　)

●本書についてのご意見・ご感想をお聞かせください。

●ご意見・ご感想をWebサイト・広告等に掲載させていただいてもよろしいでしょうか?

☐ YES　☐ NO　☐ 匿名であればYES

お金、人間関係、仕事
ライフスタイル、能力
才能、副業、マインド
スピリチュアル、健康
語学、投資・・・など

第2の人生を自由に描ける時代だからこそ、自分を磨き続けよう！

人生100年時代を生き抜く方法とは？

実はいま、あなたのまわりでは、とてつもない変化が起きていることにお気づきでしょうか？ AI等の技術革新、インターネットの発展、猛スピードで進化するテクノロジー、多様化する働き方、さらには健康寿命も延び、「**人生100年**」が当たり前になる中、「65歳で定年を迎え、余生を退職金と年金暮らしで…」などと考えることができなくなってしまったのです。今や〝50歳でも人生の折り返し〟。必然的に「**第2の人生**」を想定しなければ生き抜くことができない世の中に変貌しました。しかも、この第2の人生は全員が同じスタートラインではありません。既に経済格差が生じており、**約80%**の人が将来に対して何かしらの不安や問題を抱えているのが現実です。

情報格差が貧富の差になる時代

では、上位20%の人とは一体、何が違うのでしょうか？ その答えは、受け取る情報に**明確な**〝**格差**〟があることです。より具体的に表すならば、「**情報の質**」と「**鮮度**」に違いがあります。世間一般

裏面へ◀

もしれませんが、これは今にはじまったことではありません。基本的に社交的でおしゃべり好き。あのおもしろい姿が素のおばあちゃんなんです。言葉に詰まったときは、ときどき私からヒントを出すこともありますが。

商人の家に生まれただけに根っからサービス精神旺盛な性格。「何かやってみて」なんてちょっと雑なお願いをしても、アドリブで歌やダンスを披露してくれます。鼻にお箸をさして、故郷の島根県ゆかりのどじょうすくい（安来節）を踊ってくれることもあります（笑）。

そういう姿を見ていると、YouTubeのおかげで、おばあちゃんの生活に張り合いが出ているように感じます。認知症になったことで、長年続けていた下着販売の仕事もコーラスも引退し、一時期は寂しそうだったおばあちゃん。よく「人に見られることを意識するとキレイになる」なんて言ったりしますが、おばあちゃんにもいい影響が出ているようです。

2022年6月、TOKYO MXの『バラいろダンディ』という番組内で、『認知症ポジティブおばあちゃん』をご紹介いただきました。女優の遠野なぎこさんが最近ハマっているチャンネルだとおすすめしてくれたのです。オファーをおばあちゃんに伝えたときも「スタジオさんに呼ばれるかもしれない！」とうれしそうでした。

おばあちゃんの新たな一面を知る

YouTubeをはじめてからというもの、続々とおばあちゃんの新たな一面を知り、日々発見だらけです。長年一緒に暮らしてきておばあちゃんのことはよくわかっているつもりでしたが、ポテンシャルはそんなものではありませんでした。

おばあちゃんは家族のお世話が大好きで、趣味といえばコーラスくらいだと思いきや、実はとても多才な人だったんです。

ピアノが弾けることも、(関連動画：【認知ショータイム】新ネタ発掘／音楽の才能発見)、お茶を習っていたことも知りませんでした。過去にジャズダンスを習っていたことは知っていましたが、あんなに上手に踊れるとは知りませんでした。どれもお嫁入りする前くらいまでの若い頃に習ったもののようですが、認知症になってから披露してくれるようになりました。

動画ではおなじみの「ネクタイを売っていた」という鉄板ネタも、YouTubeをきっかけに新たに知った事実です。

あんなにお酒が好きだったということも知りませんでした。

認知症になる前から飲める人ではありましたが、認知症によって、リミッターが外れてしまったのでしょうか。忘年会で人が集まったのがうれしくて、クリームソーダみたいなサワーを一気飲みしてしまったこともあります。

大量の飲酒は体にも認知症にも良くないと聞いたことがありますから、今は用心しています。料理酒を含め、あらゆるお酒はおばあちゃんが自由に取り出せない場所へ。おばあちゃんは残念そうですが。

動画づくりで認知症改善？

定期的に動画を撮るようになってから、おばあちゃんの笑顔が格段に増えました。急激に認知症が進む様子もなく、要介護2のレベルを維持しています。

笑顔が増えたワケは「撮影＝おいしいものを食べられる」と思うから（笑）？

家族で出かけることが増えたのも、おばあちゃんにはウキウキなはずです。

昔は週末にみんなでよく食事や買い物に出かけていたのですが、おばあちゃんが認知症になってからは、いつのまにかみんなで出かけることは少なくなっていました。「おばあちゃんを連れていくとちょっと面倒だな」という思いが先立ち、私たちだけで出かけて孤立させてしまったこともあったのです。

YouTubeをきっかけに、私たち家族も「おばあちゃんと楽しい思い出をたくさんつくろう」と、意識するようになりました。

おばあちゃんは自分の動画を観ているときは笑顔が増えます。あれが心配、これが心配、と動き回ることもなく、じっと観ているので集中力も高まっているのでしょう。**これは憶測ですが、自分の姿、声を客観的に見たり聞いたりというのは、脳にすごくいい刺激があるかもしれません。**

多いときには1日に何度もYouTubeを観たがり、時間を忘れて半日ぐらい観ているときもあります。お気に入りは「不思議な郵便ポスト」。「あなたがポストに納豆入れたんでしょ、ほらほらさん、しっかりしてください」と大声で画面の自分へ喝を入れています（笑）（動画のQRコードは214ページ参照）。

「パイナップルさん」「お風呂さん」など、何にでも「さん」付けをして優しく呼ぶようになったのも、YouTubeをはじめてからの変化です。

商売人の家庭で育っていますから、商品を大切にする気持ちから昔は「さん」付けをしていたのかもしれませんが、動画で自分を客観視することで、「さん」付けをする自分を好ましく感じて習慣になったのかな、と思います。おばあちゃんにはまだ判断能力があるので**「ほがらかで感じのいい自分」を保とうという意**

識が生まれるのでは、と。

YouTubeをはじめてから通院が減ったのにも驚きです。最近は定期健診くらいでしか病院のお世話になることがなくなりました。

体が丈夫な人ながら、以前は年相応にしばしば通院していたものです。お腹が痛い、ゲップが増えたと本人が訴えることがあり、胃のポリープを切除したこともあります。熱っぽいと言うので体温を測ってみると平熱。以前はそんな「仮病かしら?」と思うこともあったのですが、もしかしたら寂しさからくるストレスなどが関係していたのかもしれません。

今では動画がおばあちゃんの状態を測るバロメーターになっています。編集する際に繰り返し観るので、表情の変化や認知症の症状をチェックするのにも役立ちます。おばあちゃんの健康状態の記録となりますから、診察を受けるタイミングを決める目安などにも利用できると考えています。

マンガ de おばあちゃん

世にも奇妙な出来事

し〜ん…
誰もいないね
まあ大丈夫かな
ケロッ
あっ そんなことより孫ちゃんに入学祝あげないとね
いや…もう大学3年生だよ(汗)
深夜の物音も怖いですが
終わらない受験戦争も恐怖です

その2　消えた通帳

あそこにしまってたんだけど、ないんだよね…
どこにいったんだろう通帳…
はっ
キュピーン
通帳がないってことは息子(私の夫)が関係してるかもしれないよ
え?
だって…
私が無くすはずないもん
自信満々
息子ちゃんは盗ってないと思うよ
明日再発行しに行こうよ

消えた通帳が気になって仕方のないおばあちゃん
その日の夜も…
誰かが通帳と印鑑を持っていっちゃったんじゃないかな…
印鑑は部屋にあるよ絶対おろされないから大丈夫だよ
この日は銀行に行く約束をしてなんとか解決しました
じゃあ明日銀行いこうか
そうだね

謎の紛失物は他にも…
鍵
手帳
おサイフ

物をなくすとおばあちゃんは「盗まれたのか？」と不安にかられることがあります
そんな時は否定せずに根気強く話を聞くようにしています

その3　歩くリモコン

テレビのリモコンが
ないのよ
おかしいね
どこ行っちゃた
かねえ
ガチャ
別の部屋かな
あれっ
あんなところに
置いてある
良かった(笑)
ちょっと熱く
なっちゃったけど、
大丈夫そう
マットを干すときに
持っていっちゃったの
かな

やっと見つけたリモコンですが、この後再び消えてしまいました
どこ行ったかねえ
そのうち見つかるんじゃない？
ピンポーン
あら、ちょっとポスト見てくるね
日課
なにか入ってた？
それが…
これが入ってたよ
リモコン
なんで私、入れたんだろう？
出てきて良かったねえ
気をつけなきゃ悪い人がいたら取られちゃうね
原因の多くは物忘れや幻聴なので不思議はないのですが、おばあちゃんにとってはすべてが奇妙な出来事
怒ったり否定したりせず、家族で受け止めることを大切にしています

YouTubeが見せてくれた新しい世界

嫁姑関係にも効果？

「平和は微笑みからはじまる」というマザー・テレサの言葉がありますが、一番身近に接している私に笑顔が増えたことで、おばあちゃんにも笑顔が増えているのだなと感じています。

長年一緒に暮らしてきた中で、今が一番いい嫁姑関係だと思えるほどです。以前は仲が悪かったわけではありませんが、お互いに遠慮もありました。「つかず離れずの嫁姑関係」といいますか。昔と比べると、今の方がたくさんコミュニケーションを取っていますし、お互いの距離も近くなったように感じます。

YouTubeの発信は、私自身、つまり介護する側の行動を改善する動機にもなっています。

たとえば撮影するとき。おばあちゃんが何度も同じことを聞いてきてもイライラすることなく、落ち着いて対応できます。これはカメラが介在すると、一歩引いて自分を冷静に保てるからなのかもしれません。

動画を見直して、「あんなにすごい言い方していたんだ。気をつけなきゃ」と、自分の言動のひどさに気づくこともありました。こうして自分を客観視することで、だんだんと感情をコントロールできるようになっていきました。**決して我慢しているのではなく、自分自身もラクでいられる術を身に付けたのです。**

YouTubeによって変わったのはおばあちゃんとの関係だけではありません。娘に動画の相談をするようになって、親子のコミュニケーションが増えたのも、とてもうれしい変化です。何気ない会話ができる相手がそばにいることは、在宅介護生活には大きな救いですから。

おばあちゃんは昔から、孫のことで頭がいっぱいの「孫命！」の人。ですから、娘がおばあちゃんのケアを手伝ってくれたり、一緒に出かけてくれるとなれば、おばあちゃんはご機嫌です。娘は本当にありがたい助っ人なのです。

夫婦の間にも新しい関係性が生まれました。

もともと娘の教育など、「コレ！」という目標を決めたら2人でサポートし合う関係ではありましたが、YouTubeをはじめてからは共同作業の度合いが強まりました。まるで新しいプロジェクトを立ち上げたような感覚です。

総じて家族全体のコミュニケーションが増えたことで、家族に調和が生まれたように感じます。一体感が強まった安心感なのか、1人でストレスをため込むこともなくなりました。

『認知症ポジティブおばあちゃん』が変えてくれた家族の関係。**私たちは認知症とYouTubeによって新しい世界へ連れてきてもらった、とさえ感じています。**

おばあちゃんは「ありがとうの天才」

YouTubeをはじめて私自身が一番変わったのは、家族へ感謝が伝えられるようになったことです。これまでは気恥ずかしくて、なかなか口に出せませんでした。

感謝の気持ちは表現した方がいい。頭ではわかっていましたが、介護に疲弊する日々の中では「いつでも感謝、なんて言っていられない！」なんて思っていました。むしろ感謝するよりもイライラすることが多いじゃないか、とくさくさしたりして。

そんな私が「ありがとう」と言えるようになったのは、おばあちゃんのおかげ。おばあちゃんは「ありがとうの天才」なんです。

カメラのあるなし関係なく、おばあちゃんはしょっちゅう「ありがとう、ありがとう」と口にします。立ち上がるときに手を貸すなど、私が当然と思ってしたことに対しても、必ず「ありがとう」と言ってくれます。晴れた日には家中のカーテンを開け、お日様に向かって「ありがとう」と言ったりもします。

相手のちょっとした手助け、いろいろな食べ物が食べられること、太陽や四季の移ろいといった自然のめぐみ……。ささやかなしあわせを見過ごすことなく、感謝の気持ちを持てる人。それがおばあちゃんなのです。

おばあちゃんが「ありがとうの天才」であることは、YouTubeをはじめておばあちゃんとのコミュニケーションが増えたことで実感しました。

心理学や脳科学の分野では、「感謝」の研究が世界中で盛んに行われているそうです。幸福学の第一人者、慶應義塾大学の前野隆司教授が提唱されている幸福の4つの因子の中には、「ありがとう」因子、つまり、まわりの人との関わりや環境に感謝をし、人との信頼やつながりを築くことで幸福度が高くなると、説かれています（前野隆司『幸せのメカニズム　実践・幸福学入門』講談社現代新書）。

おばあちゃんはしあわせを感じる方法を自然と実践して、私たちに教えてくれているんですね。

今はおばあちゃんの「ありがとう」を中心に、家族に「ありがとう」の循環ができているように感じます。感謝のループが家族のイライラや疲れを緩和し、穏やかな在宅介護へ導いてくれているのかもしれません。

動画のススメ
～家族を動画に記録してみよう～

自分が映るYouTubeを観て喜ぶおばあちゃんを見ていると、動画と介護の組み合わせには、大きな可能性があるのでは？　と考えるようになりました。

おばあちゃん世代ですと、写真は珍しくありませんが、動画はまだまだ新しいジャンルで、動いている自分を観ることはとても新鮮なようです。

スマホがあれば撮影できますし、在宅介護をされている方にはぜひ動画撮影を活用していただけたらと思います。

カメラで撮られることが苦手な方もいると思います。初めの一歩としては、バースデーなどの記念日はいかがでしょうか。思い出の一コマとして、ケーキのキャンドルを吹き消す姿や談話する様子を記録に残すのもいいと思います。

動画に撮られることに慣れてきたら「遠くにいる親戚にメッセージを送ろう」と誘ってみて、撮らせてもらうのもおすすめです。

大変なことが多い介護の日々ですが、たまにいつもと違うことをしてみると、少し風通しが良くなるかもしれません。

おばあちゃんよりは知っているとはいえ、私も動画に詳しいわけではありませんでした。YouTubeをはじめると決めてから、いろいろなYouTubeチャンネルを参考にして試行錯誤しつつ、つくるようになりました。

今はすっかり動画編集にハマっています。最初はスマホの簡単な動画編集アプリを使っていましたが、アプリの動画編集ではできることが限られています。慣れていくうちに「あんなことやこんなことができたらいいな」と楽しくなり、ちょっと凝った編集ができるツールを使うように。パソコンやカメラ、iPhoneも新調しました。

YouTubeなどの動画共有サイト（プラットフォームともいいます）**を利用するメリットは、いつでもどこでも観てもらえることです。**パソコンの大画面を使って複数人数で楽しむこともできますし、電車に乗っているときなどにサクッとスマホで観ることもできます。

もともとYouTubeによる広告収入を期待していたわけではなく「まあ、おばあちゃんの生活の足しにでもなったらいいなあ」ぐらいに考えていましたが、いざ自分でチャンネルを持ってみると、とんでもない！　生活ができるほどの収益を出せるのはごく限られた人気YouTuberさんだけ、ということも痛感しました（笑）。

収入がどうこうというよりも、YouTubeという新しいチャレンジへのワクワクが私に元気をくれました。YouTubeへのモチベーションは、在宅介護の日々にも良い影響を与えてくれていると感じます。

「YouTubeなんて難しそう……」と思うかもしれませんが、SNSをまったくやっていなかった私でもできたのですから、はじめるのは意外と簡単です。

一番シンプルな方法は、自分のアカウントを取得して、あとはスマホで撮った動画をアップロードするだけ！　完成度にこだわらなければ編集する必要もなく、すべてスマホで完結します。特定の人だけに閲覧を許可する設定ができますから、動画をアップしたら必ず世界中に公開される、というわけではありませんのでご安心ください。


本Chapter関連のYouTube動画はこちら

「【認知ショータイム】新ネタ発掘／音楽の才能発見」

（https://www.youtube.com/watch?v=zqxuzuqZJ0Q）

Column

だんだん・えむの祖母のお話

私の父は、足腰の悪い母の介護をしています。現在進行形です。父は本当に優しい人で、性格的にも介護に向いていると思います。夜中に起きて母に水を飲ませてあげたり、母が要求する前に察してあげられる人です。夫は「介護が得意なDNAを持っているんだ」と言ってくれますが、父の気遣いに比べたら、私なんて足元にも及びません。

だって私は、おばあちゃんとの同居を拒否していた時期があったくらいなのですから。

そのわけは母方の祖母に関する強烈な思い出。私にとって「介護は壮絶」「嫁と姑は仲良くするのが難しい」という印象が強かったのです。

祖母は母の弟家族と一緒に暮らしていました。ただお嫁さんと相性が悪く、ケンカが絶えず口も利かないような関係でした。やがて年老いて祖母は認知症に。生肉を食べてしまったり、暴れたりして、家は荒れ果てていました。排泄も上手くできず大変だ。そんな話も聞いていました。

ある日、私の実家で祖母を1週間ほど預かることになりました。壮絶な介護生活の様子を聞いていましたから心配でしたが、意外にもおとなしい祖母。私たち孫が話を聞いてあげると、表情も穏やかになりました。

今、おばあちゃんが娘と話すときも一緒です。2人の姿を見ていると、昔の自分と祖母の姿が重なります。

そんな記憶があって、私とおばあちゃんの関係もやがて叔母と祖母のようになってしまうのではないかと怖かったのです。ところが私が同居には消極的だった一方で、おばあちゃんは同居したがっていました。それまでおばあちゃんは1人暮らし。家族愛の強い人ですから、ずっと寂しかったのだと思います。

お話ししてきたとおり、一時期はわが家も家庭崩壊するのではないかと思うような状況に陥りました。家系のカルマ、といったら大げさかもしれませんが、祖母を介護していた叔母と、今の私は同じ立場です。当時の叔母や叔父の気持ちがやっとわかった気がしました。

しかし、身近に壮絶な介護を経験した人がいたからこそ、「このままではいけないな」「自分が変わることが大切」と気づくことができたのかもしれません。

もしかしたら天国の祖母が「しあわせになりなさいよ」とサインを送ってくれたのかも、と受け止めてみたりもしています。

Chapter 3

認知症の おばあちゃんと しあわせに暮らす 15のコツ

ベースは「相手をよく知ること」

おばあちゃんは心配性

認知症を患ったおばあちゃんを当初は怒ったり、除け者にして逃げてしまったこともあった私が、どのようにおばあちゃんと向き合えるようになったのか。具体的にお話ししていきます。

私の場合は、とにかくおばあちゃんの行動を観察しました。

「彼を知り己を知れば百戦殆《あや》うからず」という諺《ことわざ》どおり（おばあちゃんは敵ではないですが）**相手を正しく把握することは、介護の上でも大切だと思います。**

認知症の人は「なぜそんなことをするのかな?」と理解不能なことを度々したり言ったりしますよね。しかも何度も繰り返します。おばあちゃんもそうです。**こちらとしては信じがたい言動であっても、必ずおばあちゃんなりの理由があります。**「なぜそんなにこだわるのか?」その根本的な原因を見つけて対応していくのです。

おばあちゃんがくどすぎるほど繰り返すことの大半は「心配」が根本にあります。おばあちゃんの場合は、常に何かしら心配している。そのためにおかしな行動を取っていることに気がつきました。

そもそも認知症になる以前から、おばあちゃんは心配性でした。「雨が降るかもしれないから孫に傘を持たせなくちゃ」「ゴミ出しの曜日を間違えたら大変」「回覧板を早く回さなきゃ」と、いつも何かしら心配していました。**なぜ心配するかといえば、家族を守りたい、家族の役に立ちたいという思いが強いからです。**

認知症になった今は、変わっていないどころか、拍車がかかっている。おばあちゃんの問題行動は、家族やマイホームを心配しまくっている結果と理解すると、どれもこれも辻褄が合い、納得できるようになりました。

たとえば、火の元と戸締まりチェックはルーティンになっていて、異常なほどの執着ぶりです（関連動画：【ナイトルーティン】／繰り返される食事と戸締まり）。認知症になる前も火の元や戸締まりは鉄壁でしたが、今は夜になると最低30回はぐるぐる回っています。幼い頃、松江の大火災で実家のかばん屋が全焼してしまったという経験があり、トラウマなのかもしれません。火事が起きたら家族やマイホームを失ってしまう。おばあちゃんにとっては気が気ではないのです。

戸締まりにうるさいのも、過去の経験が影響しているかもしれません。おばあちゃんの人の良さも手伝って、訪問販売のよくわからない商品を買わされたり、情けで新聞を取っちゃったり。泥棒に入られたことはないものの、簡単に人を家にあげてトラブルになるということがあったのです。

そういうことから、「家族に迷惑をかけちゃいかん」「誰かがわが家を狙っている（妄想）」となり、心配の度合いが増すようです。

そして家族の中で誰を一番心配しているかといえば、断トツで孫のことです。すでに成人していますが、おばあちゃんの中では、自分の世話を必要としていた高校生くらいだと思っていることが多いようです。

おばあちゃんと私たち夫婦は、娘が生まれてから同居をはじめました。私は正社員で働いていたこともあり、家を仕切っていたのはおばあちゃんです。

おばあちゃんは訪問販売の仕事をしていたけれど、割と自分で時間のやりくりができたこともあって、料理も買い物も、おばあちゃんがメインで家事をやってくれていました。子育てにも常に参加していて、小さい頃は保育園の送り迎え、大きくなったら習い事の送り迎えとがんばってくれました。

なぜそんなに孫思いなのかといえば、純粋にかわいいという気持ちに加えて、食物アレルギーがあったことも影響しています。

食べ物に注意が必要で、私とおばあちゃんが団結して慎重に取り組んでいました。だからこそ、孫に対しては「私が守らないと」という責任感が今もって強いのだと思います。孫が留学すると決めた時も、心配のあまり猛反対していました。

今でも夫と娘が何か言い合いをしていると、「お父さん、そんなこと言っちゃダメ!」と、割って入っていきます。「かわいい孫に嫌な思いをさせたくない」「辛い気持ちになってほしくない」そんな思いでいっぱいなのでしょう(ちなみに、受験で苦労している孫の姿が印象に残っているのか、未だに合格を祈っているおばあちゃんです)。

メモ魔になるのも「心配だから」

YouTubeをご覧になられている方は、おばあちゃんが何やらノートにメモったり、「書いとかなくちゃ、忘れちゃう」と言ったりしている姿を見たことがあるでしょうか。おばあちゃんは、昔からすごいメモ魔なんです。

図3　おばあちゃんのノート

訪問販売の仕事では、アポや支払いの管理なども自分でしていましたから、毎日寝る前にきれいな字で翌日のスケジュールを書いていて、すごいなと思っていました。

認知症になってからは余計になんでもかんでもノートに書いています（図3）。とはいえ、上から重ねて書いてしまい、解読不能な代物となってしまうのですが……。

書いているところを盗み見すると、「何時に便が出た」「孫は何時に出かけた」「夢に○○が出てきた」「○○を業者に頼む」「○○さんから電話がかかってきた。折り返しの電話をする」などと書いてあります。書けばちゃんと覚えられるというわけではありません。書いたこと自体を忘れて何度も書きます。「書く意味ないじゃん」と思うかもしれませんが、おばあちゃんにとっては、**ノートに「書く」という行為が忘れる心配を和らげてくれる、大事な行為なのだと理解しています。**

特に孫に向けたものが多いのですが、家族宛てにメモを書いてくれることも。「今日はデイサービスに行くから、おばあちゃんはいません」と書かれたノートの切れ端が玄関に張ってあります。「みんな、ここに張っとくから忘れないでね」という意味なんです。

行動パターンを把握する　～１日の流れを書き出してみよう～

孫、ゴミ当番、戸締り、火の元、食事、勧誘、デイサービスにいく日時……と、おばあちゃんの心配の種はだいたい決まっています。おばあちゃんに安心してもらえるように、私はこれらを把握して先回りの行動を取るようにしています。愛の先制パンチです（笑）。どんな先制パンチを打っているのかは、後で詳しくお話しします（128ページChapter3「その2　愛の先制パンチ」参照）。

行動パターンを研究すると、おばあちゃんの心模様も把握できるようになっていきます。何が心配なのか、何を気にしての行動なのかということも見えてくるので「このタイミングでこんなことを言い出しそうだな、やりそうだな」という予測が立ちます。1日の行動記録は愛の先制パンチを繰り出すのに役立ちますので、とてもおすすめです。

ご参考におばあちゃんの1日を書き出してみました（図4）。

図4　おばあちゃんの一日

デイサービスのない日	時間	デイサービスのある日
起床。 メイクをして１日のスケジュールを確認	6:00	起床。 メイクをして１日のスケジュールを確認
朝食・孫のスケジュールを確認	7:00	朝食・天気予報を見る・デイの準備
天気予報で傘チェック・家族の送り出し	8:00	デイの準備
軽食＆テレビ	9:00	デイサービス
お昼寝	10:00	
玄関掃除とゴミ当番(回収もれのチェック)	11:00	
昼食＆テレビ	12:00	
物干し・草むしり・郵便当番 (雨の日はリビングや廊下のモップかけなど)	13:00	
おやつ＆テレビを観る	14:00	
物干し・草むしり・郵便当番 (雨の日はリビングや廊下のモップかけなど)	15:00	
お昼寝。起きたら庭木の水やり	16:00	
夕食＆テレビ	17:00	デイサービスから帰宅。夕食
郵便当番＆家族の帰りを待つ	18:00	郵便当番＆家族の帰りを待つ
軽食。皿洗いとシンク掃除	19:00	軽食。皿洗いとシンク掃除
寝る準備(洗顔など)	20:00	寝る準備(洗顔など)
次の日のスケジュール確認・夜の見回り	21:00	次の日のスケジュール確認・夜の見回り
就寝 	22:00	就寝
	23:00	
トイレ・見回り・間食にバナナ	0:00	トイレ・見回り・間食にバナナ
就寝	1:00	就寝 
	2:00	
トイレ・見回り	3:00	トイレ・見回り
就寝 	4:00	就寝
	5:00	

しあわせに暮らす15のコツ

その1　認知症の人がつくる世界を尊重する

ここからは、私がおばあちゃんと暮らす中で気をつけている、具体的なポイントをお話ししていきます。

認知症の人の多くは、現在から昔に遡《さかのぼ》るように忘れていくようです。YouTubeへ頂いた、認知症のご家族を介護している方のコメントにも、子どもの頃の記憶しかないであるとか、間が抜けているといったものが多いです。

私たちは「一体いつの話をしているの?」「それって誰の話?」と思いますが、

認知症の人の形成している世界を理解し、尊重してあげることが大切です。

おばあちゃんも間がすっぽり抜けていて、バリバリやっていた下着の訪問販売も、子育てのことも、ほぼ忘れてしまっています。

たまに近所へ洋服などを買いにいくとふと思い出すようで、店員さんに「私も昔、販売をやってたのよ！」と話しかけたりしています。

そんな中で一日に何十回も思い出すことといえば、YouTubeでおなじみのネクタイのお話。実家のかばん屋さんを手伝っていた頃の記憶です。「〇〇という神社に行った」「宍道湖《しんじこ》で遊んでいた」とか、故郷の松江で見た景色をよく思い出しています。それなのに、自分の兄弟姉妹のことは忘れてしまっています。かと思えば、母親はまだ生きている前提で話をしたりします。

「息子も娘もわからなくなる」という話をよく聞きます。おばあちゃんもときどき夫を義父や弟と勘違いすることもありますが、大方覚えています。離れて暮らす娘のことも会えばわかります。ですが苦労をしながら3人の子育てをした過去は、忘れているようです。

残念ながら義父が死亡したことも忘れていますし、15年前にハワイへ家族旅行に行ったことも、自分の子どもたちの結婚式といったさまざまな出来事も忘れてしまっていますから、思い出話に花を咲かせるようなことはできません。

それでもおばあちゃんが好きだった場所に出かけてみると、やはり気持ち良さそうにしていますし、表情が輝きはじめます。今までに聞いたことのない昔話を思い出すようなこともあります。

おばあちゃんが思い出すことは、本人が一番楽しくて、キラキラしていた時代に違いありません。**「その話、何度も聞いたよ」なんて冷めたことは言わずに、おばあちゃんの世界を一緒に楽しむようにしています。**

その2　愛の先制パンチ

先制パンチは、おばあちゃんに安心材料を与えるためです。心配に対して安心を提供してあげることで、繰り返しを減らせたり、穏やかさを取り戻してくれることにつながります。

例えば、家の前にゴミの収集場所があるので、おばあちゃんは朝からいつも見張っています（笑）。一つ残らず収集してくれるかが心配なのです。

たまたまどなたかが間違えて、燃えるゴミの日に燃えないゴミが置かれていたら、人様のゴミでも自分の家に持ってきてしまったり、当番の人を探しに近所中を回ったりと大騒ぎになってしまいます。

おばあちゃんとしてはゴミを残したままにして、自分の住むエリアの風紀が乱れることがとにかく嫌なのです。それは正しいことなのですが、少々過剰……。とにかく気になるようで、自分で何とかしなくちゃ、と思ってしまうようです。

そこで対策として「回収もれのゴミを見つけたら、おばあちゃんよりも先に隠す」という先制パンチを出すことにしています。

万が一、おばあちゃんが先にゴミを見つけたときは、急いでご近所へ先回り。「すみませんが、おばあちゃんが来るかもしれません」とご説明しておきます。

日に何度も郵便受けを見にいくのもおばあちゃんのルーティンですが、だいたい時間が決まっています。これもおばあちゃんがソワソワしだす前を見計らって、私が先に郵便受けをチェック。何か届いていれば「今日はこれが届いたよ」と伝えてあげます。それでもしばらくすると自分で見にいきますが、先制パンチによってポストへ行く回数は少なくなりました。

また、室内に家族用のポストをつくり、息子宛ての郵便物、孫宛ての郵便物……とおばあちゃんに仕分けしてもらうようにしています。これによって家族がちゃんと郵便物に気がついてくれると安心するようで、郵便物が届くたびに何度も呼ばれることがなくなりました。

孫については、「今どこにいるか」と「ご飯をちゃんと食べたか」が二大心配事です。聞かれる前に「孫ちゃんは学校に出かけたよ」「朝ご飯をもう食べたよ」「3時までに帰るよ」などと伝えると、それでちょっと安心してくれます。

先制パンチは、私自身のストレス軽減にもつながっています（こちらが忙しいときなどに「アレは?」「コレは?」と聞かれるのはちょっとしたストレスでした）。

先制パンチをするようになってから、おばあちゃんの行動パターンが把握しやすくなり、いいタイミングで撮影ができることも増えました。「そろそろ郵便受けに行くから、玄関で待っていよう」という具合に。

そうはいっても想定外のことはよく起きて、「そう来たか〜」なんてひとりごとを言いながら楽しんでいる自分がいます。再生回数が多かった「不思議な郵便受け／ポスト納豆」はその一つです（動画のQRコードは214ページ参照）。

おばあちゃんがお金に関する話をほとんどしなくなったのも、おそらく先制パンチが効いているのでしょう。

おばあちゃんが不安になるお金の問題は主に二つあります。

一つは日々の生活費のこと。おばあちゃんはもうお金の管理はしていませんが、ときどき思い出したように「お金はあるかしら」「銀行へおろしに行かなくちゃ」と懐を気にすることがありました。

これも観察していてわかったことですが、金額の大小についてはもう感覚がありません。そこで、たくさんの小銭と数枚の千円札を入れたお財布をセッティングするようにしたところ、心配することがなくなりました。

ちなみに今のおばあちゃんのお金の使い道は、近所の薬局でのちょっとした買い物と、孫へのおこづかい程度です。

もう一つは、孫の教育費や住宅ローンなど大きな出費の心配です。「同居しているのだから生活費は半分持つよ」「教育費にいくらかかっているの?」「リフォ

図5　お風呂スイッチ用のカバー

ームはいくらかかるの？」など、昔話し合ったようなことを現在進行形として心配してくることがありました。

おばあちゃんとしては家族の役に立ちたいという気持ちで言ってくれていたのでしょう。最初はしつこく聞かれて夫がムッとしていたものですが、おばあちゃんの心配を汲んで対応するように変えていきました。

とにかくおばあちゃんの心配を減らせるように「お金のことは大丈夫」「生活費は、僕を育ててくれた教育費の出世払いと恩返しだよ。気にしないで」などと、毎日のように夫と私とで繰り返し伝えました。気持ちが伝わったのか、今ではほとんど言わなくなりました。以前は通帳をちょこちょこチェックしてはよく紛失していたのですが、そういったことも減りました。

ほかには、誰かがお風呂を使っていてもスイッチを切ってしまうのを防ぐためにスイッチカバーを手づくりしたり、先制パンチを出しておばあちゃんの心配事をクリアにするようにしています（図5）。

その3　否定しない

たとえおばあちゃんが事実とは異なることを言ってきても、頭ごなしに否定しないようにしています。

認知症になってもプライドも羞恥心もありますから、否定されたり、「なんでそんなこともわからないの」などと言われ続けたら反発したくもなるでしょう。

おばあちゃんが一生懸命に何かを言ってくるときは、心配や不安があるからです。安心することが一番大切なので、おばあちゃんが間違ったことを言っても、まずは「そうなんだ」と肯定します。

そうすることがいいと気づいたのは、ある意味あきらめの産物でもありました。以前はいちいち訂正していたのですが、おばあちゃんは口がとっても達者。「ああ言えばこういう」の応酬で、私の方が参ってしまったのです……。

そこで「そうなんだ」「大丈夫だよ」と肯定していたら、落ち着いてくれた、というわけです。**「大丈夫だよ」という言葉は、おばあちゃんの精神安定剤になっています。**

以前は近所の方に対して、「あの人が家を売ろうと企んでる。怖い怖い」という妄想を繰り広げていたこともありました。

もちろん根も葉もない話なのですが、私は否定せずに「大丈夫だよ」とか、

「犬をすごくかわいがっているし、とても優しい人たちだね」とご近所さんは怖くないという話で返すようにしました。

否定しないことに加えて、近所の方に対してポジティブな会話を繰り返したのが功を奏したようで、おばあちゃんも近所の方へポジティブな印象を持つようになった様子。次第に妄想が落ち着きました。

同じことを何度も聞くのは、認知症の代表的な症状だ。そうわかっていてもうんざりしてしまうところですが、私たち家族はできる限り「そうだね、大丈夫だよ」と受け止めようと決めています。おそらく1日に30回から50回は、同じように答えていると思います。

日にちの確認も繰り返されるのですが、対策としてカレンダー（日めくりカレンダーと、終わった日に×をつける用のカレンダー）を家のさまざまな場所に置くようにしました。部屋の出入り口、トイレ、台所に置いていますが、おかげで日にちを聞いてくる回数は減りました（図6）。

図6　カレンダー

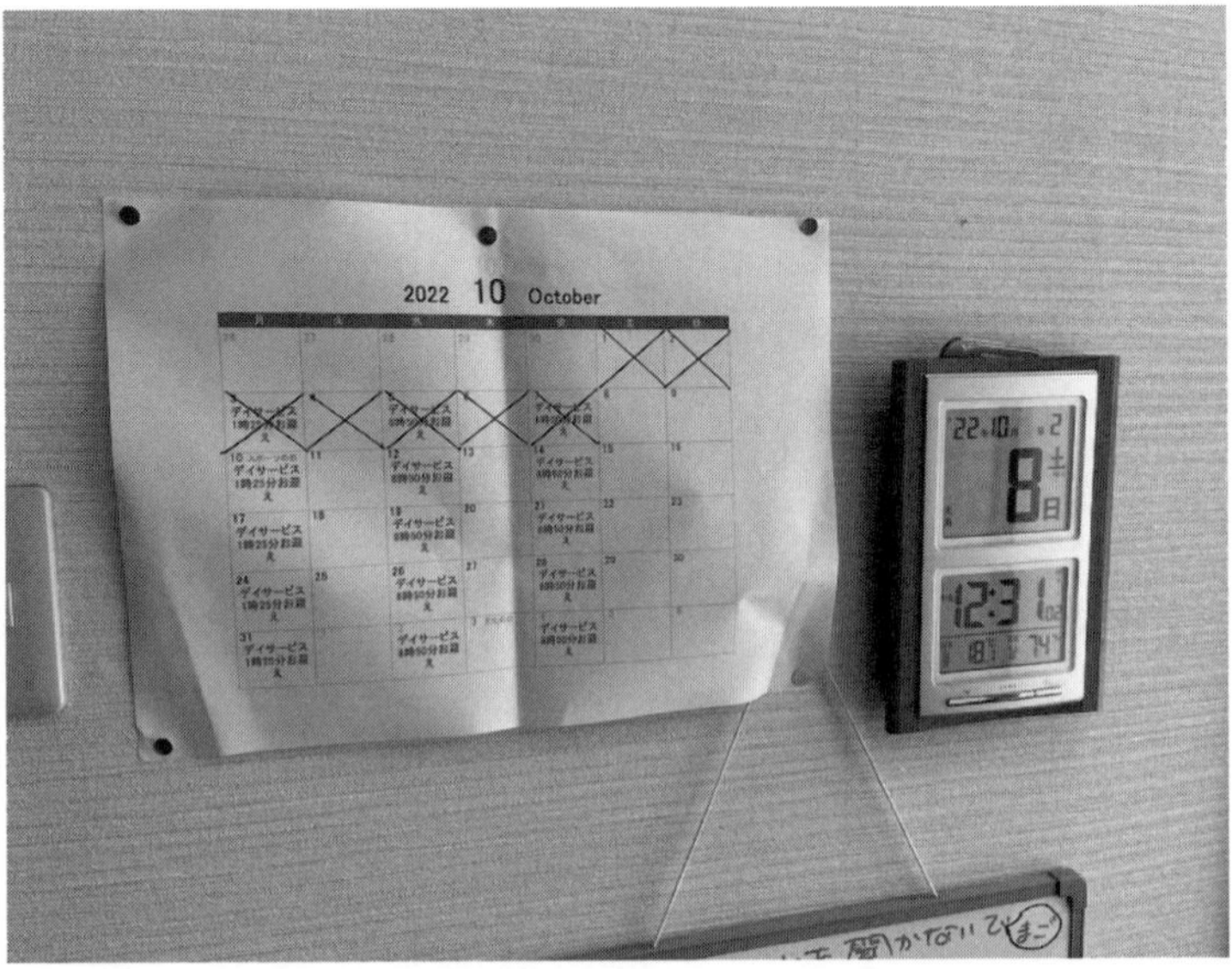

　前述したように、おばあちゃんが認知症を自覚したことで受け答えに大きな変化がありました。**「何回も聞いちゃってるけど、認知症だからごめんね」**と謝るようになったのです。自分が何度も同じことを言っていると気づき、「認知症ってこういうこと?」とハッとする瞬間があるのかな、と思ったりもしています。

その4　いつもニコニコ

認知症患者のいつまでも衰えない能力の一つが、表情を見る能力

だそうです。

実際に私が疲れて帰ってくると、おばあちゃんは「あら、疲れてるね」と。よく表情を見ているんですね。

ですからおばあちゃんが心配しないように、できるだけニコニコするように心がけています。するとおばあちゃんも笑ってくれる。まるで鏡のようです。

今思えば、おばあちゃんが反発していたのは、私たち家族が全否定したり、呆れたりしていたから。こちらが寄り添えば、大丈夫なのです。

もし認知症の方とのコミュニケーションで困っている方がいたら、まずはつくり笑顔でもいいですから、ニコニコを試してみていただきたいです。

昔から家族愛の強いおばあちゃんですから、家族がニコニコしていると特別安心するのかもしれません。私だって家族は仲の良い方がいい。おばあちゃんの気持ちがわかりますから、できるだけニコニコして過ごそうと思っています。

禁断のスイッチ

ピ
これ、なんでついてるんだっけ？
嫁ちゃんつけた？
つけてないよ だれかお風呂に入ってるんじゃない？
スイッチがついているとなんでも消してしまうおばあちゃん
ピッ
41℃
あれ、またついた
消さないで〜
いまシャワー中〜
あ、ごめんごめん
お風呂さん入ってる？
失礼しました
シャワーがお水になっちゃうから消さないであげてね

1時間後
あら、お風呂さんがついてますよ
ピッ
パッ
あら、またついたよ
消さないで！
あれ、なんか言ってる…
昼夜問わずスイッチを消してしまうので家族は水シャワーにおびえていました
そしてついにたまりかねた孫が
消さないでっていってるでしょ！
ごめんなさい！

数日後
孫
この間はごめんねえ お風呂入ってるときに消したらたまったもんじゃないよねえ
いつも水のシャワーになっちゃうものね（汗）
なんで私、消しちゃうんだろうね
電気がついてると気になっちゃうのかな
認知症だから、困ったもんだ
どうしたらいいだろう
お風呂に入ってるときは入浴中って張っておこうか
あー それがいいね
自分が認知症だとわかっているので、本当に困っている様子…

その晩の深夜2時
みんなお風呂屋さんへ行ったの？
え？
誰かが家のシャワーには入らないって言って、お風呂屋さんへ行った？
夢？
昼間の顛末を説明すると…
あらっやだーそんなことしちゃったの
だから夢に見ちゃったのかな
なんだかみんながお風呂屋さんへ行っちゃった気がしてね
孫ちゃんも寝たね
大丈夫ね
大丈夫だよーおやすみなさい
そして私たちが考えた防止策は
シャワーのときはこの箱をかぶせておくからね、これで大丈夫だよ
これはいいねえ、ありがとう
これで一つ、心配事が減りました！

その5　上手に話をそらす

いくら否定しないでいよう、受け止めようと思っても、心の余裕や時間がないときもありますから、**介護する側にも「逃げ道」が必要だなと思います。**そこで話が長引く予感がしたら「話をそらす」というのもポイントです。

例えば何度も郵便受けを見に行って「届くはずのものが来ない」と繰り返しているようなとき。「おばあちゃん、トイレは？」とか「のど渇いたよね。何か飲む？」というふうに、さりげなく話をそらします。いったん他のことをすると、前に考えていたことはもう忘れています。

「みんなはもうご飯食べた？」という質問は、おばあちゃんの定番中の定番です。ループから抜け出すためには、さまざまな切り返しがあります。

まずは前述した先制パンチで「孫ちゃんも私も食べたから、おばあちゃんどうぞ」と伝える。あるいは「さっき卵焼きを食べたけど、今度は何食べようか、目玉焼きにしようかな」というふうに、プラスアルファの会話で返して話の方向を変えることもあります。

おばあちゃんが何を言いたいかを察して、情報を提供するようなひとことをプラスしてあげることで、会話がスムーズになるのです。

それでもどうしても話をそらせないときは、物理的に距離を取ることもあります。忙しかったり、ちょっと精神的にしんどいなあというとき、わが家の場合は2階に上がってしまいます。

おばあちゃんは2階に上がってこられないので、階段越しに会話する形になります。顔を合わせて話していると表情で気分が伝わりますから、見えない場所から話した方が穏便に済むこともあるのです。

「ああもう嫌!」となった状態ですぐに反応してしまうと、自分の感情が高まって収拾がつかなくなりがちですから、思い切って離れてみてください。数分だけでもトイレにこもったり、「お風呂掃除するね」と言ってお風呂に逃げたり。**自分が冷静になるために物理的な距離を取ることは効果的です。**

おばあちゃんを安心させたり、気をそらすという意味では「嘘も方便」だと思っています。

おばあちゃんは家族の安否確認が日課です。夜、玄関に靴が3足しか見当たらないと、「1人帰ってきていない!」と心配で騒ぎだすことがあります。共働きですし、娘も成人しているので、多少は誰かの帰りが遅くなることもあるのですが、おばあちゃんとしては心配で心配でたまらないようです。

そこでその場を繕うために、誰かが外出していても、玄関に靴をたくさん並べておくんです。「みんな帰ってきたよ、寝ても大丈夫だからね」と。

おばあちゃんは、一度不安になると何も手に付かなくなってしまって、ずっとウロウロソワソワ。**それもかわいそうですから、とにかく嘘をついてでも、安心してもらえることを優先します。**

その6 「忘れてくれる」ことに甘えてもいい

笑顔が増えたわが家ですが、ときにはうまくいかないこともあります。

例えば朝、通勤前におばあちゃんとちょっとしたケンカをしたまま家を出てしまうと、1日中引きずります。

「どうしてあんな言い方しちゃったんだろう」と罪悪感に苛《さいな》まれたり、「いつまでこんな日々が続くのかな」とやり切れない思いを募らせたり……。

こうした経験は、在宅介護をしている方にはつきものだと思います。でも、そんなモヤモヤを抱えたまま1日中過ごすのはもったいないことです。

一番いいのは、言い合いをしていたとしてもスパッと切り替えて、ニコッと笑顔で「いってきます」と出かけること。それが自分のためでもあります。

実のところ、認知症の方は言い合いをしてもすぐに忘れてしまいます。言い合いをしている最中は普通の人と同じで会話が成り立ちますから、ついこちらもヒートアップしてしまうけれど、決定的に違うところは、相手は話した内容を忘れてしまうこと。それならケンカしても意味がありません。

自分だけがケンカのモヤモヤを溜め込んで自分を責めたり、ストレスに感じている。それってまるで自分を傷つけるためにケンカしているようなものだな、と気がつきました。


娘が同じように自分を責めていたとき、「おばあちゃんは忘れてくれるよ」と言ったことがあります。忘れてくれることに甘える。たまにはそれでもいいのではないかと思うのです。

ただし前述した「感情残像の法則」(30ページ Chapter1「認知症の宣告におばあちゃんは……」参照)によれば、ケンカは忘れても「嫌な思いをした」という感情は残ってしまう可能性はあります。なるべくケンカはあっさり、極力嫌な思いをさせないように、というのがベストでしょうか。

YouTubeで頂くコメントでも、認知症患者の介護をされている方が、過去にひどく怒ってしまったことを後悔している、というものがあります。

大切な相手だからこそ「ひどいことを言って傷つけてしまった」と思い悩むのですよね。その気持ち、すごくよくわかります。

でも罪悪感を引きずらないで、ときには忘れてくれることに甘えて救われてほしいなと思います。**いい嫁、いい夫、いい息子、いい娘、いい孫、いい家族になろうとしすぎないことが大切。介護を続ける中で身に沁みて感じています。**

自分自身の心を守り、大切にすることが、結果的におばあちゃんのしあわせにつながっていると信じて日々を過ごしています。

その7　在宅ローテーション×デジタルツールで見守り

おばあちゃんが要介護の認定を受けてからは、できる限り家で1人きりにならないように取り組んでいます。そしておばあちゃんにも家族がいるかどうかがわ

図7　ホワイトボードを見れば家族がいるかがわかる

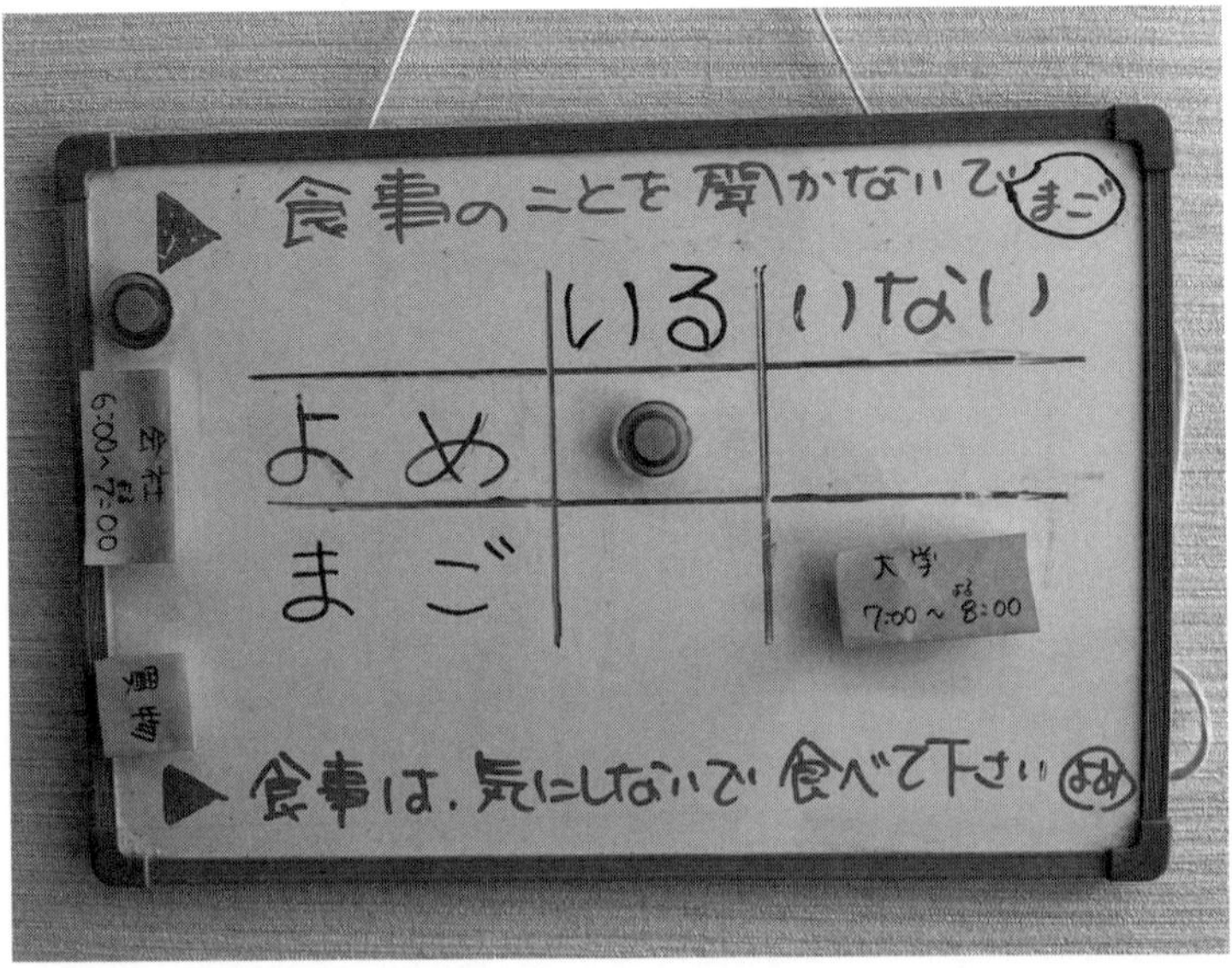

かるように、ホワイトボードを活用しています。

私と娘については「いる・いない」をマグネットで示したり、「食事のことは気にしないで」など伝言を書いています（図7）。

デイサービスがある日は、家族の誰かしらが送り出します。特に入浴のある日は着替えなどの用意もあってバタバタするため、フォローが必要です。

また、お化粧は念入りに行うおばあちゃんですが、着るものには無頓着。注意していないと何日も同じ服を着てしまうことがあります。靴下に穴が開いていてもおかまいなし。穴を見つけた家族が靴下を捨てても、わざわざゴミ箱から取り出して履いている、なんてこともあるため、身だしなみチェックはかかせません。

日時やタイミングによって症状の出方に波があります。普段できていることも忘れてしまう、ということもあるので、やはり誰かいてあげた方が安心です。

月に数回は、やむを得ずおばあちゃん1人にお留守番を頼まなければならない状況があります。そういった時はデジタルツールの出番！　スマホと連携できる屋内用のコンパクトカメラを使って、様子をチェックしたり、話しかけたりしています（図8）（関連動画：「認知症ストレス倍増？／防犯カメラで素の姿を映し出す／認知症のオチが満載～ポジティブおばあちゃん」）。

1人でお留守番してもらうときは、火の元など危険なものは完全に使えないようにしています。食事もお料理をせずにすむように、作りおきしたおかずなど、

図8　屋内コンパクトカメラ

レンジで調理できるものを冷蔵庫に準備しておきます。

認知症になりはじめの頃は、おばあちゃんもお料理をしていましたが、服を焦がしたり、鍋を真っ黒にしてしまったり……。お米の水加減もわからなくなり、毎日お粥を食べる羽目になったり、と、いろいろと問題が重なり、今は一切お料理はしていません。

私が一緒に家にいるときは、おばあちゃんがガスで食事を温めたり、お湯を沸かすくらいのことはやってもらうことがあります。

その8　役割分担を決める〜困ったときは孫&息子の出番〜

在宅ローテーションだけでなく、精神的な面でも家族で役割分担しています。私が困ったときは1人でなんとかするのではなく、娘と夫の出番。**心の逃げ道として助けてもらっています。**

前述したように、おばあちゃんは孫にめっぽう弱い！　嫌われたくないし、孫を困らせたくないので、孫の言うことは比較的素直に聞き入れてくれます。孫の言うことが効果てきめんなのは今も昔も変わらないので、認知症とは関係ないかもしれませんね。

例えばお風呂。以前はおっくうになってなかなか入ってくれない時期がありました。今はデイサービスの入浴タイムがお気に入りなので解決しましたが、それまでは自宅で入浴させなければならず、その気にさせるのが大変でした。私がお風呂をすすめると、「昔から具合が悪いときはお風呂に入っちゃダメと言われてる」と。本当に具合が悪ければもちろんすすめませんが、本人はいたって元気なのに……。

何日も入浴しないと、おばあちゃんの頭が少し臭ってくるようなこともありました。そんなときは娘に「ちょっと頭が臭うよ～、お風呂入った？」とさりげなく聞いてもらうのです。すると、「あら、おばあちゃん臭くてごめんね」なんて言いながらすんなりとお風呂に入ってくれて。

私が言うよりもずっと聞く耳を持ってくれますから、とても助かっています。

夫の出番は「嫌われ役」(笑)。おばあちゃんの暴走が止まらないようなとき、夫に盾になってもらうのです。

例えば雨の日。おばあちゃんには、「雨が降ってきたら孫の自転車にカバーをかけなきゃいけない」という根強いルーティンがあります。このこだわりが本当に強烈！　カバーをかけてもすぐに忘れてしまうおばあちゃんは、外に出たり入ったりを何度も何度も、何時間も平気で繰り返すんです。

すべって転んだり、風邪を引いてしまったりしては大変ですから、雨が降ったときは私たちも戦々恐々です（関連動画：【GRWM】踊る雨の日ルーティン）。

先制パンチで「大丈夫だよ」と言っても効果がないときは、最終手段で実力行使。夫が玄関ドアの前にイスを積んで、出られなくする戦法を取ります。

それを見たおばあちゃんは怒り、他の場所から外に出ようとするので、今度は家のあらゆるところにパーテーションのようにカーテンを張り巡らせます。「向こうには入っちゃダメ」と少し強く言ってもらってなんとかしのいでいますが、雨の日対策は要検討課題です。

そんなふうに、夫はおばあちゃんにとって迷惑で嫌なことをする存在なので、おばあちゃんの中での序列はすっかり低くなってしまいました。

ですから、物取られ妄想が出たときの容疑者もいつも夫。おばあちゃんにとって「嫌なことをするのは全部息子」と思うようです。

認知症になりはじめの頃はおばあちゃん1人で買い物に行っていたのですが、出先で財布やバッグを落として失くすと、交番に行って「息子に盗られた」と告げ口していました。「年金を盗られている！」と大騒ぎしたこともあります。

ちなみにおばあちゃんが私を疑わないのは、役割分担が成功しているから。夫のおかげもあって私は常に優しくできているため、おばあちゃんは私を味方だと思っているようです。

いつも嫌われ役の夫は「何があっても息子はかわいいって贔屓《ひいき》してくれないもんかね」なんてボヤいていますが、残念ながら、おばあちゃんの中では、孫がダントツ1番、次に私、夫は3番手です。

認知症患者の介護をされている方の話を聞くと、実の子どもに対してはあたりがきつくなったり、泥棒扱いをすると聞いたことがあります。**もしかしたら息子とわかった上での「心理的な甘え」もあるのかもしれません。**

とはいっても、夫に対して申し訳ないようなうしろめたい気持ちになることもありますが、夫は「自分しか言えないから」と。嫌な役を進んで引き受けてくれて感謝、感謝です。

その9 「張り紙」で伝える

ルールや忘れてはいけないことなどは、家中に張り紙を貼っておばあちゃんにお知らせしています(図9)。

張り紙のすべてが効果的なわけではなく、下手な書き方をすると墓穴を掘っておばあちゃんの怒りを買うこともあります。私たちもいろいろと試す中で「これは効果がある」「これは意味ないな」と学びながら張り紙を活用しています。

比較的効果があるのは、「○時からデイサービス」という張り紙です。

図9　張り紙の例

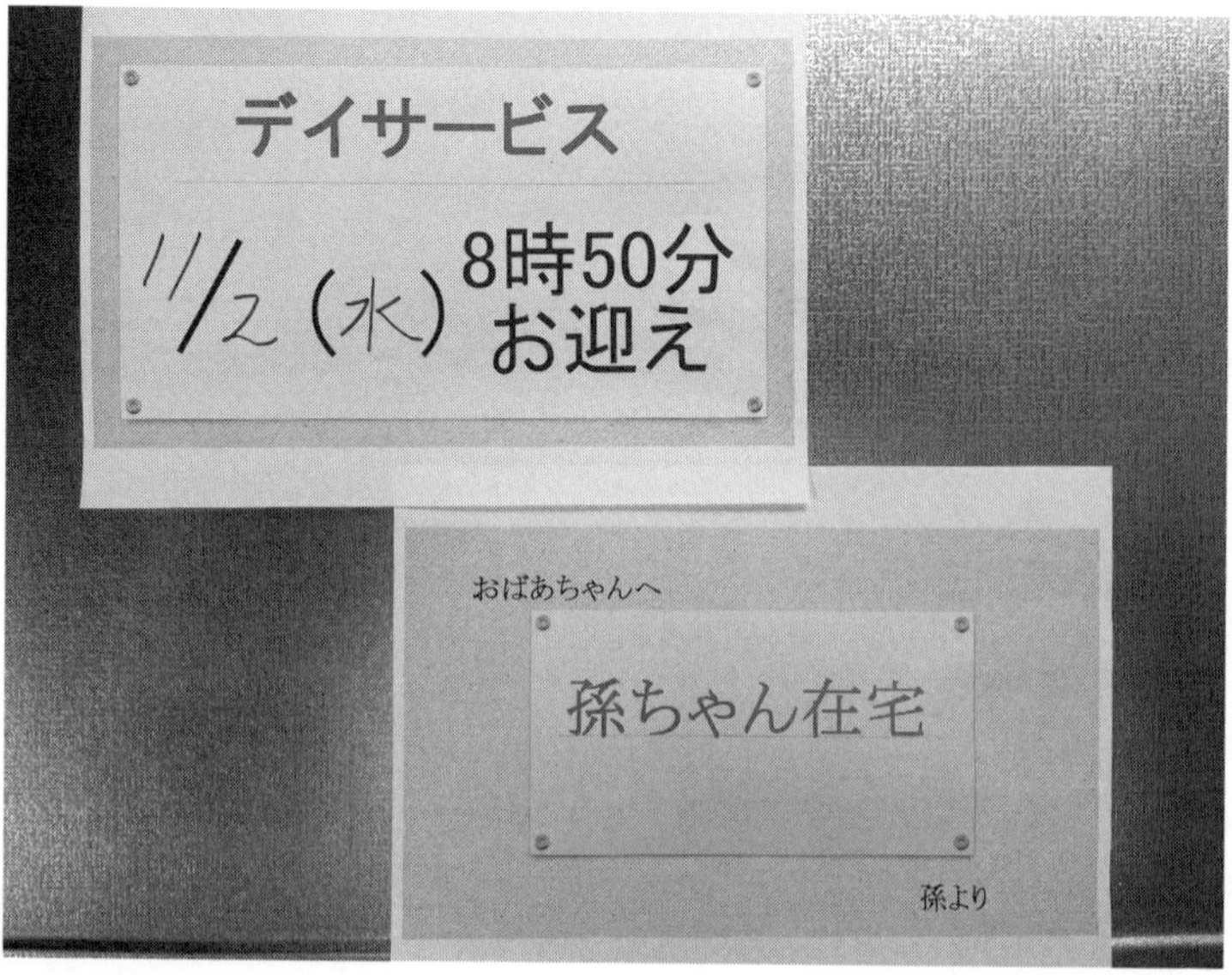
デイサービス
11/2（水）
8時50分
お迎え
おばあちゃんへ
孫ちゃん在宅
孫より

デイサービスに行く当日でも、ちょっと庭やトイレに行くと忘れてしまうので、「○時からデイサービス」と家のあちこちに張っています。それを見つけると「ああ大変、今日はデイサービスだった！」と思い出してくれます。

また、おばあちゃんは「今誰が家にいるか」を常に把握しておきたい欲求が強く、5分置きくらいに「○○（嫁）ちゃーん」「○○（孫）ちゃーん」と名前を叫んでいたりします。そこで、「孫ちゃん、在宅」などと紙に書いて、おばあちゃんの部屋の出入り口の目に入りやすい場所に張っておくのですが、これも割と効き目アリです。

ちなみに「在宅」という言葉は、おばあちゃんが数年かけてここ最近覚えた言葉です。今は「家に居る」と言うより「在宅」と言う方がピンとくる様子。「在宅だよ」と言うと、「在宅さんね」と落ち着きを取り戻します。

気に入らない張り紙は、怒って破られたこともあります。例えば、「見回り禁止」「2階に上がらない」「食事の話はしない」などの禁止事項です。そこで伝え方を変えて「孫は食事済」と書いたところ、自然と食事の話が減りました。

確かに「〜しちゃダメ」というのは、誰が言われても気持ちの良いものではないですよね。**張り紙の試行錯誤で、おばあちゃんの立場になって考えることも増えました。言葉の使い方って大切です。**

おばあちゃんがコーヒーや紅茶に恐ろしいほど砂糖をどっさり入れてしまうの

で、それを止めるために「砂糖はありません」という張り紙をしたこともありました。それは完全に失敗でした。

張り紙を見るたびに「砂糖は料理に使うでしょう」と聞いてきたり、探し回ったりして、お砂糖への執着を増長してしまったからです。

今も「お砂糖はないの？」と聞かれますが、嘘も方便で「夫に糖尿病の気があるからやめている」「孫がダイエット中」と、乗り切っています。

その10　認知症の事実をオープンにする

誰にも迷惑をかけず、家族だけで介護しよう。それはとても立派な心がけかもしれませんが、私は共倒れのリスクにもなるのでは、と考えています。

在宅介護は持続可能であるかどうかが大切です。その点からも、わが家の場合は、おばあちゃんが認知症だと診断されたときに、ご近所さんにも正直にお話ししました。

お隣さんなどは、以前から何度も同じことを聞きにくるおばあちゃんに「もしかして？」と思われていたかもしれませんし、私たちがお伝えしても驚きよりは「やっぱりね」という感じかもしれません。それでも、きちんと家族からお話しするのとしないのとでは、やはり違うと思います。

おばあちゃんの認知症をオープンにしてから、こんなことがありました。その日はデイサービスの日でしたが、私たち家族がどうしてもお迎えに立ち会えず、おばあちゃんを1人残して家を空けたことがありました。

夕方帰宅すると、ご近所の方が「今日、デイサービスの日でしょ？　おばあちゃんがずっと庭にいたけど大丈夫？」と教えてくれたのです。実はおばあちゃん、家の中で鍵を失くして出かけられず、デイサービスをお休みしていたのでした

（関連動画：認知症おばあちゃん89歳の日常生活ドキュメンタリー）。

宅配便は、自分たちが頼んだものはいつ来るかが大体わかりますし、日時指定もできるので問題ないのですが、お隣宛の宅配便を勝手に預かってしまったこと

がありました。おばあちゃんは預かったことを忘れてしまい、お隣から「もしかしたらおばあちゃんが預かってくれたのかしら？」と連絡を頂いたおかげで判明しました。

ご近所がおばあちゃんの症状を知っていてくれるおかげで「もしかしたら」と察してくださるのもとても助かっています。

私たち家族だけでなく、ご近所にも見守ってもらえることはとても心強いです。

マンガ de おばあちゃん

突然の対人不安！

私、探偵さんみたいだね
あれ、カーテン閉めたの？
うん、見られないうちに閉めたよ
ほら、何か話してるね
お隣さんに気づかれるのが怖くて、
窓に近づけなくなってしまったおばあちゃん
そこで、こんな訓練をしてみました！
いくよー
だーるまさんが
くるりーん
パ
転んだ！
だーるまさんが
たたたた
シャッ
転んだ！
はい、よくできました〜

おばあちゃんが楽しそうなので、さらに応用編

ネクタイは おばあちゃんの ラッキーアイテム！ そのわけは…
おばあちゃんは昔、ネクタイ売って たんだよね
こうやって 結んであげるとね
「これいいねえ、もらっておこうか」
って喜んで くれたよ
お客さんが次々 新しいお客さんを 連れてきてくれてね
がんばりましたよ
ネクタイを 売っていた頃の思い出を いつも楽しそうに 話してくれます
今日は がんばったから 疲れたね
おやつに しようか～
うん、楽しかったよ！
おばあちゃんに 笑顔が戻りました！
後日 無事 お隣さんへ ご挨拶できました

その11　めんどうがらずに話をよく聞く

相手が認知症で同じような話を聞かされていると、「いつものことか」と相槌を打って適当に聞き流してしまったり、自分が疲れていると真剣に聞けなかったり。正直、そんなこともあると思います。私も同じですが、それでもやっぱり、会話は大事です。

特に私たちがそばにいなかったときの報告は、なおさらよく聞かないといけないと思っています。

おばあちゃんは訪問者を忘れてしまうことが多いのですが、私が留守にしたときは、誰か来たのかどうか、必ず聞くようにしています。

そのときはすぐに答えられなくても、ちょっとした会話の中で「荷物を置いていったわね」など、ふと思い出してくれることがあります。しばらくしてからノートを持ってきて「今日は○○が来たんだよ」と教えてくれることもあります。

ちなみにお留守番を頼んだときは、帰宅してから家の中をくまなくチェックするようにしています。以前、おばあちゃんが間違えて新聞の定期購読を申し込んでしまいましたが、おばあちゃんの部屋に粗品があることに気がつき、無事にクーリングオフに間に合った、ということがありました。

その12　好きなものに囲まれる毎日を

おばあちゃんの生活必需品は、先回りして補充するようにしています。特に気をつけているのはメイク用品です。

おばあちゃんは朝一番にお化粧をはじめます。起きたらお手洗いをすませて、着替えるよりも先にお化粧です。入院したときもしっかり「お化粧品を持ってきてね」と。デイサービスにも当然持っていきます。恐るべし美意識。きっと一生涯、お化粧は欠かさないでしょう。

以前は化粧水を切らしたことにおばあちゃんが気がつくと、ご近所さんへ借りにいったり、1人で買いにいこうとしていましたが、先回り補充のおかげで解決しました。今は私が減っているのに気づいた時点でメイクボックスに補充しています。

ちなみにおばあちゃんには定番アイテムがあります。

口紅は赤。以前は何色か補充してみたこともありましたが、使ってもらえませんでした。**「私はこれ!」というこだわりがちゃんとあるのです。**

夫がおばあちゃんのためにシワ改善クリームをプレゼントしたこともありましたが、喜んで使ったのは最初の1日だけ。昔から使っているもの以外は長続きせず、部屋のすみっこに転がっています(笑)。

食事に関しては体調に合わせた対応が必要ですが、今のところは大病もせず元気なおばあちゃん。なにより食べることが大好きな人なので、できる限り好きなものやおいしいものを食べてもらいたいなと思っています。

食卓に欠かせないものは、バナナ、納豆、牛乳。牛乳は水がわりにするほどゴクゴク飲んでしまうので、今は半分に薄めたものを冷蔵庫に用意しています。食事をしたことをすぐに忘れて何度も食事をするのですが、1回に食べる量は少なめです。

スイーツは昔から大好物。洋菓子も和菓子もイケます。毎日ではありませんが、おばあちゃんが元気なうちに、おいしいもの、珍しいものを食べさせてあげたいと、ときどき豪華なスイーツを用意します。記憶には残らないかもしれないけれど、キレイなデコレーションのものやちょっと変わった味のお菓子は喜ぶので、刺激になればいいなと考えています。

YouTubeでもスイーツの摂りすぎでは？　とのご心配のコメントを頂いておりますが、糖分に関してはかなり気をつけています。

視聴者のみなさんからのアドバイスも参考にしています。最近では、認知症予防にとご紹介いただいたココナッツオイルがお気に入り。ヨーグルトや牛乳に入れて頂いております。おばあちゃん自身も、テレビなどで体にいい食品を知ると「トマトのリコピンはいい」などとメモして家族に教えてくれます。

その13　お出かけでリフレッシュ＆刺激を与える

認知症になっても、変わらず好きなこともあれば、新しいことに興味を持つ場合もあります。

おばあちゃんは運転が大好きでしたから、今は自分では運転しない代わりに、週末は必ず、といっていいほど家族でドライブに出かけています。

家とデイサービスの行き来が中心になっているおばあちゃん。ドライブといってもいつも遠出をするわけではなく、近所の買い物や通院、お墓参りがほとんどです。それでも**車から景色を眺めることもおばあちゃんには新鮮なようで、とっても喜びます。**

景色を見るのはいい刺激で、「ここ見たことある」「ここをよく通ったっけね」など若干の記憶が戻ることもあります。

そうはいっても、ちょっとしたお出かけも在宅介護の大変な部分かもしれません。実際、認知症ではなくても高齢になると外出の機会が減って、家に閉じこもりがちになるという話をよく聞きます。

わが家は全員運転ができますし、力のある大人なので、おばあちゃんに何かあってもすぐに助けられますが、お1人で介護をされていたり、女性が男性を介護していたりする場合は状況が全く違うでしょう。転んでしまわないか、トイレが間に合わなかったらどうしよう、などアクシデントは心配ですよね。

そうしたご家庭は、外部のサービスを利用するのも手だと思います。

わが家はまだ利用したことはありませんが、**お出かけや余暇の付き添いをしてくださるヘルパーさんや、介護サービス付きの観光などもあるようです。**

うちのおばあちゃんはお出かけが好きな人なので、余計に思うのかもしれませんが、「外に行きたい」という本人の思いや、家族の「連れていってあげたい」という気持ちがあるのなら、ちょっとがんばってみる価値はあると思います。**他者の力を借りたとしても、外に出ることの恩恵は十分にあるはずです。**

本人はもちろん、介護する側にとっても外の空気を吸うことは大きなリフレッシュになりますよ。

またこのご時世、地震や台風などの自然災害も多いですし、火事などで家から避難するようなことがいつ訪れるかわかりません。**外出に挑戦することは、非常時の備えにもなるのではないでしょうか。**

今のおばあちゃんは、90歳とは思えないほど体力があってスタスタ歩きますし、華奢《きゃしゃ》に見えますが、物を運ぶ力も十分にあります。

家の中でじっとしていることはほとんどありません。落ち着きがなく、庭で草むしりをしたり、郵便ポストに何回も行ったり……。定期的な運動をしているわけではないのですが、あれだけ動き回っていれば運動は十分かしら、と今は思っています。

もともと体が丈夫で、認知症の他には持病もありません。22年間ともに暮らしてきて、子宮脱以外に大病を患ったこともなければ、私たちが風邪をひいても、おばあちゃんはいつもピンピンしていました。

おばあちゃんの健康管理にはスマホのアプリを活用しています。体重や血圧、歩数など、いろいろな指標をまとめて管理できるので、とても便利です。

持ち前の明るさに加えて、好きなものに囲まれた刺激的な暮らしが元気の秘訣かもしれません。

その14　外部からのサポートは早めにお願いする

介護は体力と気力を大きく消耗します。今は何とか対応できていても、介護する側が仕事を持っていれば忙しくなることもありますし、症状によっては介護にかかる手間が増えて、家族だけでは対応できなくなる可能性もあります。

私が思うのは、いざ「もう無理だ」となってから外部のサポートを頼ろうとすると、みんなが辛い思いをするのではないか、ということ。わが家であれば、おばあちゃんが「これまでどおり家族に介護してほしい」と拒否したら、強制的に外部の方に頼むのは心苦しくなります。

だったら、なるべく早いうちから外部の人に支えてもらった方が、心理的な抵抗も少なく、スムーズに助けを借りられると思います。

わが家は夫と私が共働きを続けていることもあって、もともと「在宅介護にデイサービスは必須」と考えていました。

今のところ、おばあちゃんのデイサービスは週3回。丸1日行く日が1回と、半日行く日が2回あります。丸1日デイサービスに行ってもらえると、いろいろな用事が片づけられますし、安心してお任せできるので、本当の意味で精神的な息抜きができます。

デイサービスでの様子は、スタッフさんが連絡帳に書いて教えてくださいます。おばあちゃんはデイサービスで入浴させてもらっていますが、「背中に引っかき傷がありました」など、**私たちが気づかなかったことを教えていただくこともあり、本当に助かります。**

ある日の連絡帳には、「お嫁さんにいつも助けてもらって感謝している」「何か贈り物をしたい」と言っていましたとあり、ほっこりしたこともありました。

いざというときは義姉たちの力を借りて、お泊まりで預かってもらえるようにもしています。おばあちゃんの場合、デイサービスはOKだけど、お泊まりのショートステイは苦手なんです。

というのも、おばあちゃん自身は若い意識（70代か、もしくはもっと若い年齢）でいるので、「お年寄りとずっと過ごすのは辛い……」となってしまいます。もしかすると、そのまま施設に入れられてしまうという恐怖があるかもしれません。

また、わが家の場合は、毎月1回、ケアマネ（ケアマネージャー）さんが訪問してくれて、デイサービスの利用状況を確認します。

別のデイサービスを利用したいなど希望があれば、デイサービスを紹介してくれたり相談にも乗っていただけます。以前、おばあちゃんの認知症が進行したときにデイサービスを変更したのですが、そのときはケアマネさんにデイサービスをご紹介いただき、おばあちゃんと見学して決めました。ケアマネさんの情報はとても役に立ちます。

私の実家では高齢の父が1人で母の世話をしていますので、私たち以上にケアマネさんを頼りにしています。状態に合わせたケアプランを作成してくださいますし、悩みを抱えていたり、不安があるときはプロのお世話になることも大切だと思います。

とはいえ、本人のためを思って家族がデイサービスをすすめても拒否される。在宅介護の悩みとして、そういったことはよくあるようです。

おばあちゃんの場合も、デイサービスを施設のような「預けられる場所」ととらえて嫌がると思い、ストレートには話しませんでした。

おばあちゃんは体を動かすことが好きですから、最初は「火・水・金は体操教室だよ」と伝え、「デイサービス」という言葉は使わずに話していました。

また、最初は楽しく通っていても、何かがきっかけで行きたがらなくなることも多いのではないでしょうか。

おばあちゃんにも、ある日問題が発生しました。「なぞなぞが答えられないから行きたくないわ」と言い出したんです。先生の目の前で楽しくやっていますよ、と聞いていたので、てっきりなじんでいると思っていたのですが……。

そのデイサービスは要支援1、2程度の方が多く通っているところでした。認知症が進行して要介護2になったおばあちゃんには、なぞなぞやクイズといった遊びは難しく、周りからも少し浮いていていたようです。

私たちも初めてデイサービスを利用したので、「どこもやることは同じだろう」

とあまり深く考えていませんでした。歌や体操のレクリエーションがおばあちゃんに向いてそうだね、と。

このことがあってからは、おばあちゃんの認知症のレベルに合っているかや雰囲気なども踏まえて、デイサービスを丁寧に探すようになりました。今通っている場所には、とても楽しく通ってくれています。

先日はデイサービスのInstagramにおばあちゃんが取り上げられました。パワフルなおばあちゃんとして人気者だそうで、ホッとしております。

デイサービスがあるおかげで、わが家は在宅介護が続けられています。おばあちゃんにも楽しく通ってもらいたいので、おばあちゃんの様子や意見を見逃さないようにしていくことが大事だと思っています。

その15　介護する側も自分を大事にする

介護する側の家族が「自分を大事にする」。わがままに聞こえるかもしれませ**んが、実はこれがなにより大切な在宅介護のコツかもしれない、と思っています。**
自分がストレスをため込んで心や体を壊してしまったら、おばあちゃんだけではなく、家族全員に迷惑をかけることになる。これでは元も子もありません。

おばあちゃんも大事だけど、私はやっぱり自分が一番大事です。自分が心穏やかに生活していないと、介護する余裕など生まれない。それが本心です。
YouTubeに「お嫁さんは、どうしてイライラしないんですか？」と質問コメントをもらうことがありますが、答えは「**100%で介護をしていないから**」というのが正直なところです。

おばあちゃんを中心に1日の生活リズムをつくってはいますが、自分の調子が悪ければ自分優先に切り替えます。ひどく疲れているときは、おばあちゃんを家族に任せて寝てしまうこともあります。

これは同居する家族がいるからできること、ともいえますが、たとえ自分が対応できずに、おばあちゃんに少し不自由を強いることがあっても、自分を責めない。**「介護にオフタイムはつきもの」**と思うようにしています。

私の場合は自分が更年期に入っている自覚もあるので、自分の体と向き合いながら、できることをしています。介護をされている方は、私と同様に更年期世代の方も多いでしょう。更年期・中年期の不調は長引く場合もあるので、自分を過信しすぎない方がいいように思います。

朝からだるい日があればゆっくりお風呂に入ったり、気分転換に喫茶店で動画編集をしたり。たまには夫とドライブに行くなどリフレッシュを挟みながら、自分のメンタルが安定していられるように心がけています。

本Chapter
関連の
YouTube動画
はこちら

「【ナイトルーティン】繰り返される食事と戸締まり」

（https://www.youtube.com/watch?v=gLeJer0i6QE）

「認知症ストレス倍増？／防犯カメラで素の姿を映し出す／認知症のオチが満載～ポジティブおばあちゃん」
（https://www.youtube.com/watch?v=_gFIEsI7jsQ）

「【GRWM】踊る雨の日ルーティン」

（https://www.youtube.com/watch?v=CbwKo-Tj4t4）


「認知症おばあちゃん89歳の日常生活ドキュメンタリー」

（https://www.youtube.com/watch?v=a2uMa9YYnXI&t=120s）

Column

YouTubeで親孝行

話足らずに再登場。だんだん・えむの夫です。

私は女手一つに近い形でおばあちゃんに育ててもらったこともあって、親孝行したいという気持ちを人一倍強く持っていました。「行きたいところへ連れて行ってあげたい」「好きなことをしてほしい」と、口では言っていたものの、実際にはそうそうできていませんでした。

ですがYouTubeをきっかけに、一緒に出かける習慣ができました。海や高原など、季節の移り変わりが感じられるような場所によく行きます。「イチゴ狩りに行ってみよう」「おばあちゃんの好きなバラ園を見に行こう」と、家族でちょこちょこ企画しています。

YouTubeをやっていなかったら、この年で親とイチゴ狩り、なんて行かなかったでしょう（笑）。**YouTubeを理由にすると、気恥ずかしい気持ちもなくなります。まさにYouTubeで親孝行をさせてもらっている感覚です。**

体験したことは全部忘れてしまっても、そのとき、そのとき、おばあちゃんの心は生きています。自分たちが精いっぱいにできることをして、おばあちゃんがそれに応えてくれる。そういう交流を動画に残せることはしあわせです。

Chapter 4

介護の未来に光をともすため、私たちができること

▶ 怖い病気ではなく「困っている人」という感覚で

認知症や在宅介護と聞くと、どうしても負のイメージが先行しているように思います。ドラマや映画で取り上げられる場合も、悲劇的な展開などのセンセーショナルなものが多いのではないでしょうか。

確かに認知症や在宅介護について関心を持つきっかけにはなるかもしれませんが、悲観的な印象が残り、将来への不安ばかりが募ってしまう気がしています。

多くの人がいずれは直面するであろう認知症や介護の現実に、少しでも希望の光を見せることができたら。

私たちはYouTubeの発信を通して、微力ながら認知症や在宅介護のイメージをポジティブなものにしていきたいと思っています。

認知症は「何もわからなくなる、何もできなくなる、トラブルメーカーになって周囲に面倒をかけるだけ」。そんな得体の知れない怖い病気だと思われがちですが、実際は患者さんによって症状の出方も違いますし、要介護のステージによってもそれは変わります。

認知症になったからといって、絶望が待っているわけではない。

少なくとも、心からそう思っている家族がいることを知ってもらいたいのです。確かに日常生活の不便は多いけれど、認知症になってもいろいろな可能性や力があり、その人らしく希望を持って生きていくことができます。

周囲の方からすれば、怖い病気と考えると近づきがたいかもしれませんが、少し見方を変えて「困っている人がいるな」ぐらいの感覚で見てみると、ハードルが下がるのでは？　と思います。

おばあちゃんの動画に寄せられたコメントに「**認知症は個性だと感じた**」とい

うものがありました。それを見てYouTubeをやっていて良かった！　と心から思ったものです。

認知症は誰でもなる可能性がある身近なもの。だからこそ特別視せずに受け入れられるような社会になれば、患者も介護する側も生きやすくなるでしょう。

コメントから考える「本当に解決しなければならない介護の課題」

ありがたいことに、YouTubeを通して在宅介護をされている方や認知症に関心のある方などから、たくさんのコメントを頂戴しています。

介護に追われて自分らしく生きられない悲しみ。
介護を必要としている親御さんに対して、憎しみの感情を抱いてしまう罪悪感。
日々を生きることさえ辛いという声……。

このようなリアルな苦しみの数々には、いつも胸が詰まります。

私たち家族もおばあちゃんが物を投げたり、暴れて手がつけられなかった時期を経験しています。「すべて早く終わってくれないか」と、投げやりな気持ちになるのも、とてもよくわかるのです。

こうしたコメントや自身の経験を顧みると、世の中には介護当事者以外には理解されていない苦労が多いことも感じます。

例えば要介護1レベルの介護の大変さ。

自分の考えがわりとしっかりあって、体も動くし、口も立つ。だからこそ介護者からすると、目が離せないのです。いつどこで何をするかわからない。一挙一動を心配しなければなりません。

要介護のレベルが上がるほど自宅介護が難しくなるため、特別養護老人ホームなど受け入れてくれるところが出てきます。寝たきりの方の介護はもちろん大変ですが、**要介護1レベルにはまた違った大変さがあるという事実や、こうした状況をサポートする動きがもっと広がってくれたらいいな、と思います。**

少しでも実情を知ってもらえるようになれば、在宅介護の負担はもっと軽減できるのではないでしょうか。

プロの介護士が疲弊していることを感じさせるコメントも頂きます。

私たちと同様に、イライラしてしまう自分に反省している、というようなことも書かれています。プロの介護士も人間ですから、そういうことがあって当然だと思います。時間に追われて、たくさんの人のお世話をして、相手は認知症の患者さんだったりするのですから、もどかしいことも多いのではと想像できます。本当に苦労の絶えない重労働だと思います。

おばあちゃんの介護を通して、日本の介護問題への関心も深まり、多面的に考えられるようになりました。

そうした中でうれしかったのが、医療や介護、地域関連の施設で『認知症ポジティブおばあちゃん』が紹介されていることです。東京都足立区の認知症疾患医療センターや、埼玉県川口市の地域包括支援センターから『認知症ポジティブおばあちゃん』を家族との会合やホームページなどで紹介している、とご連絡を頂きました。YouTubeを通してさまざまな場面でお役に立てていることはうれしい限りです。

介護で仕事をあきらめない

介護と仕事の両立も社会的に大きな問題となっています。

5年に一度実施される「平成29年就業構造基本調査結果（総務省）」によると、介護をしている人は約628万人。そのうち、仕事を持つ人は約346万人で、

6割近い人が働きながら介護を行っていることがわかります。

その一方で、過去1年間に「介護・看護のため」に離職した人は約9・9万人。約10万人近い人が仕事を離れています。

仕事をやめれば当然収入が減りますし、やりたいことをあきらめることにもなります。そのために不安になったり、イライラして家族に辛くあたってしまったりと、負のスパイラルに陥る可能性もなくはありません。


私たちも一時期は共働きを続けるべきなのか悩みました。

わが家には、要介護1の人から受け入れてくれるような民間の介護施設に入れる経済的余裕はありませんでした。民間施設よりも低額で入所できる特別養護老人ホーム（特養）は、人気のため数年待ちということもめずらしくありません。これも大きな社会問題とされているようです（現在は特養の入所対象は要介護3以上となっています）。

介護施設への入所については、お金の問題だけではなく心理的な葛藤もありました。夫にとっておばあちゃんは、父親を早くに失くしてから女手一つで育ててくれた大切な母親です。最後は自分が責任を持ちたいという意思を知っていましたから「できるところまで在宅介護をしよう」と覚悟したのです。

そうはいっても、実際の介護は想像以上に大変なものでした。

共働きに加えて、当時は受験を控えた娘のことも気になっていましたから「どちらかが仕事を辞めて、おばあちゃんの介護に専念した方がいいのかな」とずいぶんと悩みました。

夫は大阪に赴任しているとき、おばあちゃんの認知症が悪化していくのを見かねて辞表を提出しようとしたこともあります。

インターネットや本で専門家や実際に在宅介護されている方の情報を学び、夫婦で思案した結果、共働きを続けようという結論にいたりました。

仕事は介護する上でハードルにもなりえますが、同時に自分の心を守り支えてくれるものでもあると思ったからです。

仮に休職や退職を選んだ場合、育児は子どもの成長とともにある程度は復帰のメドが立ちますが、介護はいつまで続くのか、どこで状況が変わるかわかりません。ただ、おばあちゃんの年齢を考えれば、一生続くものではない。

介護が終わった後の自分たちの人生の方が長いだろう。少し冷たく感じるかもしれませんが、現実的に考えた末に、2人とも仕事は続けた方がいいね、となったのです。

それに働くことが大好きだったおばあちゃんが、私たちの離職を望むかといったら違うだろう。そんなふうにも思いました。

実際に、私が「2階で仕事をするから少し静かにしていてね」とおばあちゃんにお願いすると、「それは大変。わかった」と、とても協力的なんです。

介護はある日突然はじまります。しかも直面する多くの人が働き盛りの世代の方々です。あなたの人生のためにも、仕事を手放すか迷ったときには、慎重になっていただきたいです。

離職を決める前にできることはあります。何か両立を支援してくれる制度が利用できないか調べてみたり、ケアマネージャーさんに相談してみたりするのもいいでしょう。介護系のサービスも増えていますから、うまく活用して自分の時間を確保できないか、模索してみてください。

ポジティブ介護に必要な「介護する側の意識改革」

在宅介護生活を続けて、つくづく思うことがあります。

日本人は特に「一生懸命であるべき」とか「努力は尊い」という価値観が根強いですが、**こと介護に関しては手抜き上等です。長く続くであろうマラソンですから、いつもフルスロットル、がんばりすぎは禁物。**

私たち介護する側の「自分の人生を大事にしよう」という意識改革が必要です。

私自身、介護がはじまった当初は、同居もして、介護もしてと、被害者意識にさいなまれていたこともありました。義姉にLINEで愚痴ったりもしたのですが、LINEのやりとりで、あっという間に1時間、2時間経ってしまう。それで自分がいやされたり、介護が楽になるかといえば、そんなことはなくて、むしろ自分を疲れさせていました。

「家族で介護」という言葉は美しく聞こえます。ましてや大事な親ともなれば、精一杯がんばってしまうものでしょう。しかし、介護は現実であり、かなりの重労働です。

もし介護に疲れて心を消耗してしまったときは、自問自答してみてください。

自分の人生で何が大切なのか？

このやり方で介護を続けていて、私の人生はどうなるのだろう。

私はイライラやモヤモヤを感じる毎日を送りたいのだろうか？

私は一度立ち止まり、おばあちゃんの介護だけに向けていた意識を自分の内側に戻しました。仕事に目を向けたり、体力づくりをしたり、余暇を取り入れたり。我慢していた気持ちを開放し、介護に悩む暇をなくすようにしました。

仕事を辞めないと決めることができたのも、この意識改革がきっかけでした。

「ゆとりがないから悩んでいる」そんな感想をお持ちの方もいるかもしれません。ダブルケアラーやワンオペ状態の方の大変さは察するに余りあります。

ほんの数分でも構いません。無理のない範囲で自分のための時間をつくってみてください。

好きな香りの入浴剤を入れてお風呂に浸かったり、寝る前に10分だけ、好みの本やYouTubeを楽しむ習慣をつくったり。お買い物やお仕事の帰りには、喫茶店でひとり静かにコーヒーを1杯飲んでから家に帰ったり。ほんのささいな心の栄養補給で、得られる充足感は違ってきます。

介護から気持ちを離して、自分を楽しませる時間があっていい。

できないことはできないと言っていい。

家族に協力を仰いだり、外部の力を借りて、できるかぎり自分を大切にしていただきたいなと思います。

そして私の場合はYouTubeの配信も今や生きがいになっています。昭和・平成・令和を明るくたくましく生き抜く、尊敬すべきおばあちゃんを動画として記録に残す。楽しみという範疇《はんちゅう》を超えて大きなやりがいを感じています。

親の終活を考えたことがありますか？

近年は「終活」という言葉も定着し、自らの最期に向けて準備をする方が増えていると聞きます。プロに遺影用の写真を撮ってもらうサービスなどもありますよね。

おばあちゃんは生きることに貪欲な人です。

「年を取った」「後先長くない」「老い支度をしなくちゃ」というようなセリフは一度だって言ったことはありません。

そんなおばあちゃんですから、終活をしようなんてきっと思いもよらないでしょうし、私たちがそんなことを言おうものなら、怒りまくるでしょう（笑）。

私たちもおばあちゃんの老後を考えることはあっても、終活まで考えることはなかったのですが、**最近はYouTubeが終活に一役買えるのでは？　と考えるようになりました。**

財産分与や不用品の整理など、いわゆる生前整理といわれるものは、いざとなれば本人の死後に残された者にもできることです。だけど、終活というからには、本人の生きている間にしかできないこともあるはずです。

ささやかでも笑顔になれる時間をつくること。

YouTubeを通じておばあちゃんの存在を多くの人に知ってもらうことで、新しいつながりや体験が生まれること。

そして残される家族のために、生きている姿を後世に残すこと。

人生を最期まで楽しみ、生前の姿を記録に残すことも立派な終活になるはず。

私たちは、在宅介護を続けながら、動画（デジタル映像）を通しておばあちゃんと一緒に終活をしようという気持ちでいます。「認知症のおばあちゃんwith終活」。それが私たち家族のテーマです。

本当はもっと若いうちから映像に残せれば良かったのですが、「こんなおばあちゃんだったんだよ」ということを映像に残してあげたいと。

わが家と同様、親の介護と仕事、さらに子育てが重なっているご家庭も多いのではないでしょうか。そうした状況では、遠くに離れて暮らしていたらなおさら、親の終活まで考えられないことでしょう。

ですが、親が亡くなったときに動画が一つでも残っていたら、本人の姿も声も鮮明に残ります。「何もしてあげられなかった」と後悔があったとしても、元気に生きていた様子を思い出すことができれば、穏やかな気持ちでおみおくりができるのではないでしょうか。

今はスマホがあれば簡単に動画が撮れます。離れて暮らしているとしても、ビデオ通話で顔を見ることも、録画すらもできてしまいます。

親御さんがお元気であれば、旅行やいろいろなイベントに出かけたりして、想い出とともに動画を残すこともできるでしょう。なにげない会話だってすてきな思い出になります。寝たきりなど移動が難しい状態であれば、顔を見にいったときにお部屋で撮ったり、車いすのお散歩風景を撮るのもいいと思います。

デジタル時代の今は、スマホなどの身近なツールで簡単に終活の1ページがつ

くれてしまいます。新しい終活の方法として、とてもおすすめです。

こうして考えると、YouTubeをはじめたことはポジティブな介護からポジティブな終活まで、人生を考える上で新しい価値観の種になりました。親の終活に悩む方にとっても解決のヒントとなれば幸いです。

Column

デジタルスマイルトランスフォーメーション（DSX）

〜認知症介護はデジタルとスマイルの時代へ〜

だんだん・えむの夫です。最終登板させていただきます。

妻と娘がはじめたYouTubeですが、今ではすっかり家族のプロジェクトと化しています。私の役割は企画、サムネイルの入れ方などの総合プロデュース兼音楽担当。妻が撮影する際はなんでも屋さんになります。

当初はさほど関心がなかったのですが、海外のYouTube動画で、あるおじいちゃんのお葬式の動画を見たことをきっかけに新たな思いが生まれました。

そのお葬式は土葬で、多くの人が涙を流しながら、おじいちゃんが埋葬された穴へ代わるがわる土を入れていきます。そして最後にお孫さんがCDプレーヤーを土に埋めて、リモコンでピッと操作するのです。

流れてきたのは、おじいちゃんがジョークをかます声。それを聞いた参列者たちが思わず笑いはじめる、という動画でした。これを観て「これはいいな。おばあちゃんもこんなふうに笑顔で送り出したいな」と思ったのです。

私見ですが、これからはデジタルの力と、認知症患者と介護する側の「笑顔の力」が在宅介護のあり方を変えていくのではないかと思います。

これを家族で「DSX（デジタルスマイルトランスフォーメーション）だね」なんて言っております。

スマホやデジタルツールを使った撮影を認知症患者の介護に活用する。そこから生まれる認知症患者本人と介護者の笑顔が、介護の進化を促すと思うのです。もちろん、認知症以外の方の介護にも活用できるでしょう。

※あくまで認知症患者本人が意思決定できる状態であること、そして快く撮影させてくれることが前提になることは改めてお伝えしておきます。

実際にわが家で感じている効果としてはこのようなものがあります。

・撮影することで第三者目線になれるため、関係改善の手助けになる
・認知症患者本人が動画を観ると感情に響き、刺激になる
・専門医、ケアマネージャーと共有すれば症状の確認や介護のアドバイスをもらうための情報源になる
・記念写真と同じように思い出として残せる
・離れて暮らす親族にありのままの姿を共有できる
・YouTube で配信する場合は、介護にかかわる視聴者との情報共有や双方の励みになる。認知症患者本人にとっては社会とのつながりの場、活躍の場になる

そしていつかおばあちゃんが天国へ旅立つときには、この動画はかけがえのない宝物になります。

親族や友人、いつも応援してくれる YouTube の視聴者のみなさまと一緒に鑑賞会をして、笑顔で送りだす。

そんなわが家流のおみおくりができたらなと、ひそかに思っています。

おわりに

最後までお読みくださりありがとうございます。

おばあちゃんが認知症になって早5年が過ぎようとしています。

今回、本を出版するという機会を頂いて、私たち家族は認知症患者の在宅介護をする立場として、ありのままの姿を知ってほしいと思いました。

おばあちゃんのYouTubeをご覧いただいている方は、おばあちゃんが認知症を発症した頃の殺伐とした光景に驚いたかもしれません。ポジティブとは真逆といっていいほどの状態。しかし、それが実情でした。

おばあちゃんの言動に困り果て、つい声を荒げてしまったり、冷たい態度をとってしまったり。私たちが辛くあたるほど、強くいら立つおばあちゃん……。

「なんでこうなるのか……」。自分を責めて、落ち込んでばかりだった日々は本当に苦しいものでした。

介護する側の家族には疲れもありますし、なかなか難しいかもしれませんが、少しの時間でもかまいません。ほほえむことからはじめてみてほしいのです。

できれば同じ目線になって温かく見つめたり、ゆっくりとやさしい声で話しかけてあげてみてください。

認知症の方を何とか落ち着かせようとするよりも、自分の感情をコントロールすることが、あなたが穏やかな日常を取り戻す近道になります。

認知症の方に笑顔が戻り、あなたにも笑顔が戻る。周りの人のあり方しだいで、楽しく穏やかに過ごすことができるのです。

そのことをおばあちゃんの姿を見て感じて頂けたならうれしいです。

私たちは、YouTubeを通して、新しい世界を知ることができました。

数々のコメントから、人の温かさを知りました。おばあちゃんが認知症になっていなかったら、知ることのなかったやさしさです。おばあちゃんにも、みなさまにも、大変感謝しています。


介護には解決が難しい問題がいくつも潜んでいることも知りました。

これからの介護は、家族だけ、パートナーだけではなく、施設やデイサービスはもちろん、地域や社会全体、コミュニティで取り組む時代となるでしょう。

本人自ら、「私、認知症と診断されたの。よろしくね」とオープンに話せるようになったら、誰もがどんなにラクになるでしょうか。

デジタルの進化も、認知症になった大切な家族について介護の新しい様式を生み出していると実感しております。どうぞ、スマホで動画を撮影してみてください。きっと笑顔が戻ってきます。

微力ながら私たちも、認知症の方、そして介護をする方ができるだけストレスを感じずに、楽しく暮らせる環境づくりのお手伝いができればと考えています。

そのためにも、自身の健康維持に努め、周りの人たちにも支えていただきながら、おばあちゃんと一緒にポジティブに過ごしていきたいと思います。

誠にありがとうございました。またYouTubeでお会いしましょう!

2022年11月
だんだん・えむ

監修者あとがき

『認知症ポジティブおばあちゃん』は、多くの人々が認知症へ関心を寄せている中で、認知症の人のありのままの世界を知る良い機会となっています。

このYouTubeがなぜ人気なのかといえば、認知症のおばあちゃんは決して不幸ではない、と感じさせてくれる点にあるでしょう。介護職の方や介護経験者がおばあちゃんの生き方に感動し、いやしと安らぎを得る。そんな鑑賞体験が大きな魅力です。

おばあちゃんは次々とトラブルを起こしながらも、自分なりに解決し、そして、徹底的に忘れます。あきらかに重度の記憶障害があるにもかかわらず、それを物ともしていません。

また孫の帰りを過剰に心配する、戸締まりを何度も確認する、というのはよくある認知症の症状です。動画はおばあちゃんの症状を大変な事ではなく、日常風景として映し出します。だからこそ観る側もほほえましく感じられるのでしょう。**認知症は特別なものではなく、日常生活や性格の延長上にあるもの。認知症になったらおしまいではない。そのことをおばあちゃんが証明してくれています。**

ご家族はいつもおばあちゃんを温かく見つめ、ほがらかに笑いながら撮影しています。認知症の人の介護は精神的にも肉体的にも負担が募り、家族関係がぎくしゃくすることが多いのですが、このご家族にそうした気配は感じられません。動画を撮ることがおばあちゃんを客観的に見ることにつながり、ほどよい距離感を生み出しているようです。結果、心に余裕が生まれ、家族の関係性も良くなる。在宅介護に取り組む方や介護職の方にとって非常に参考になる点だと思います。

編集の上手さもこの動画の魅力です。『認知症ポジティブおばあちゃん』が今後もいろいろな認知症ワールドを見せてくれることを期待しています。

2022年11月
遠藤英俊

認知症の症状について

認知症の症状には、中核症状（脳の神経細胞の障害による認知機能障害）と周辺症状（BPSD: 中核症状や身体的、心理的要因などが相互に作用して生じる精神症状や行動障害）があります。中核症状は認知症患者に共通して見られる一方、周辺症状には個人差があります。周辺症状は生活環境や人間関係といった二次要因が影響するため、暮らし方次第で症状を緩和できる可能性があります。

YouTubeチャンネル『認知症ポジティブおばあちゃん』の投稿動画の中から、それぞれの症状と思われる例をご紹介します。みなさんが認知症への理解を深める一助となれば幸いです。

中核症状と周辺症状

中核症状＝生活能力の低下
認知症の直接の原因である
「脳細胞が壊れること」によって起こる症状
認知症になった方に共通して見られる症状
行動、心理症状（周辺症状：BPSD）
||
脳がうまく機能しないために
生活能力が低下しその混乱から生じる症状
本人の性格や環境、人間関係などの
２次要因によって、個人差がある
⇒介護次第で症状を緩和できる

中核症状一覧

症状の対象	内容	認知症ポジティブおばあちゃんの場合	
		状態	参考動画
記憶力	・物忘れをする、新しいことが覚えられない ・記憶がだんだん抜け落ち、古い記憶が残る ・自分が忘れているという自覚がない ＜具体例＞ ・食事をしたことを忘れる	低下	・亡き母の墓参りも瞬間記憶喪失 （https://www.youtube.com/watch?v=ktGZKS7eaB4&t=22s） ・不思議な郵便受け／ポスト納豆 （214 ページ参照）
理解力 判断力	・情報処理能力が低下し、理解するスピードが遅くなる ・予想外の問題の対処、道筋を立てた思考ができない ＜具体例＞ ・家電など、今まで使えていたものが使えなくなる ・横断歩道、踏切で進んでよいのか判断できない ・デイサービスの迎えの時間がわからなくなる	やや 低下	・【認知症あるある】コンセント女王が降臨 （https://www.youtube.com/watch?v=8yMfeq92sMo&t=14s） ・お出かけ前奮闘記～デイサービスへいく Vol.1 （214 ページ参照）
実行機能	計画や段取りを考えて行動できなくなる ＜具体例＞ ・料理ができなくなる	低下	【認知ショータイム】 湯切りの私 （https://www.youtube.com/watch?v=Numb1V_ROTI&t=6s）
状況の把握	時間や場所、人間関係がわからなくなる ＜具体例＞ ・ゴミの日、デイサービスの日がわからない ・トイレの場所がわからなくなる	低下	【認知症あるある】 回覧板で近隣も混乱させる （https://www.youtube.com/watch?v=ar7KQasy_4Q）
失語 五感による認識力 生活動作	・読む書く話すが上手にできない ・対象物を五感で正しくとらえられない ・学習で身につけた動作ができなくなる ＜具体例＞ ・衣服の上下、裏表がわからない（着衣失行） ・砂糖と塩の味付けができない ・歩行障害	問題 なし	—

周辺症状一覧（行動症状）

内容	具体例	認知症ポジティブおばあちゃんの場合	
		状態	参考動画
徘徊	何か探す、居心地が悪いなどの理由で、家の外を歩き回り、帰れなくなる	やや該当	【徘徊シリーズ庭編】 タンスにゴンは蚊に効く （https://www.youtube.com/watch?v=edujP1LhFtg）
介護への抵抗	・入浴や着替えなどの介護を嫌がる ・おむつを嫌がる	やや該当	お出かけ前奮闘記 ～デイサービスへいく Vol.2 ～ （https://www.youtube.com/watch?v=niY5TMDCbeA&t=271s）
過食	食事をしたことを忘れてしまう	該当	【カメラは見た】 警告音無視するおばあちゃん （https://www.youtube.com/watch?v=BCjqR1IR6GE&t=7s）
尿便失禁	・トイレに間に合わず、もらしてしまう ・トイレの場所がわからない ・尿意が認識できない	やや該当	—
不潔行動 暴言・暴力 食行動異常	・排泄物で衣服や部屋を汚してしまう ・納得がいかないと、大声をあげたり、手をあげたりする ・なんでも口に入れてしまう	該当しない	—

周辺症状一覧（心理症状）

内容	具体例	認知症ポジティブおばあちゃんの場合	
		状態	参考動画
不安とうつ 意欲低下	1人になると怖がる、不安がる 意欲低下や不眠・食欲減退 何事にも興味を示さない、 家にひきこもる	やや 該当	・認知症ドキュメンタリー／ カメラは見た 留守番中に起きた不安！ (https://www.youtube.com/ watch?v=j2Fi6lkvp2U&t=9s) ・ある日突然、隣人恐怖症で 部屋にこもりがちになった （214 ページ参照）
物取られ妄想	財布や物を失くしたときに 盗まれたという	該当	「奇妙で怖い出来事」 リモコンが隠れんぼ (https://www.youtube.com/ watch?v=ae4spU-Ue_w)
睡眠障害・ 昼夜逆転	睡眠のリズムが崩れ夜間に眠れない 時間の感覚がなく昼と夜を勘違いする	該当	・【認知症あるある】夜の見回り これが認知症の周辺症状 (https://www.youtube.com/ watch?v=5mqAxtEat0A) ・奇妙で怖い出来事 Vol.1 見えない来訪者 （214 ページ参照）
幻覚・妄想	現実でないものを見たり聞いたり 作り話をする	該当	・妄想奇行オムニバス (https://www.youtube.com/ watch?v=GnVRSApY_iw&t=149s) ・繰り返される給湯器の電源 オンオフ（214 ページ参照）

出典：

・ダスキンヘルスレント
認知症の症状「中核症状」と「行動・心理症状（BPSD）」
（https://healthrent.duskin.jp/column/library/185/）

・一般社団法人日本認知症予防協会
（https://www.mci-j.com/）

・杉山孝博監修『よくわかる認知症ケア　介護が楽になる知恵と工夫』（主婦の友社）

【マンガdeおばあちゃんQRコード一覧】

マンガdeおばあちゃんはYouTubeチャンネル『認知症ポジティブおばあちゃん』より以下の動画をベースに制作しています。

お出かけ前奮闘記　デイサービスへ行く

「【GRWM】お出かけ前奮闘記～デイサービスへいく
【認知症おばあちゃん】」
https://www.youtube.com/watch?v=4V-5KRiGous

ふしぎな郵便受け

「不思議な郵便受け／ポスト納豆？／
なぜか家族に笑顔を届ける認知症おばあちゃん」
https://www.youtube.com/watch?v=CpXjWKrUNrk

禁断のスイッチ

「繰り返す給湯器の電源オフで冷たいシャワー/夢の中の電話番に
起こされ睡眠不足に悩まされる毎日【認知症おばあちゃん事件簿】」
https://youtube.com/watch?v=psjN8CXXuuU

世にも奇妙な出来事

1 「「奇妙で怖い出来事」　認知症おばあちゃん/
見えない来訪者、物取られ妄想？」
https://www.youtube.com/watch?v=dd3t6inazEA

2 「「奇妙で怖い出来事」　リモコンが隠れんぼ、
蘇るガラケー、咲かない庭の花」
https://www.youtube.com/watch?v=ae4spU-Ue_w

突然の対人不安！

「ある日突然、隣人恐怖症で部屋にこもりがちになった
認知症おばあちゃん／ポジティブさを戻すために改善を試みる」
https://www.youtube.com/watch?v=C4xyhjr8zNE

ん、大活躍？！　入院中の出来事

※本書オリジナルのためYouTube動画はありません。

【著】

だんだん・えむ

神奈川県出身。2016年より義母の在宅介護をはじめ、主婦・介護・仕事の両立を目指す。2021年、離れて暮らす親戚に義母の元気な姿を見せようとYouTubeチャンネル『認知症ポジティブおばあちゃん』をスタート。在宅介護当事者ならではの視点で、笑顔あふれる日常と認知症のリアルな症状について発信し、介護従事者や在宅介護に悩む人々から「元気になれるYouTube動画」として話題に。TV番組やWebメディアでも注目される。ペンネームは義母の故郷、松江の方言で「ありがとう」を意味する「だんだん」と「笑む」を組み合わせたもの。「支えてくれるすべての人に感謝し、笑顔に包まれた毎日を過ごせますように」との思いを込めている。

『認知症ポジティブおばあちゃん』
https://www.youtube.com/c/positivenana

【監修】

遠藤英俊

認知症専門医、シルバー総合研究所理事長、名城大学特任教授、いのくちファミリークリニック院長。1982年滋賀医科大学卒業。名古屋大学老年科で医学博士取得後、総合病院中津川市民病院内科部長、国立療養所中部病院（現・国立長寿医療研究センター）内科医長などを経て、国立長寿医療研究センター長寿医療研修センター長及び老年内科部長を務め、2020年3月に退職。認知症や医療介護保険制度などを専門とし、国や地域の制度・施策にもかかわりが深く、NHK「クローズアップ現代」などテレビ出演も多い。

ブックデザイン　岩永香穂（MOAI）
マンガ・イラスト　深蔵
取材・執筆協力　林美穂
ＤＴＰ　キャップス
校正　広瀬泉
企画・編集　杉野遥

認知症ポジティブおばあちゃん
〜在宅介護のしあわせナビ〜

2023年1月3日　初版発行

著　者　だんだん・えむ
監修者　遠藤英俊
発行者　太田　宏
発行所　フォレスト出版株式会社
〒162-0824 東京都新宿区揚場町2-18　白宝ビル7F
電話　03-5229-5750（営業）
03-5229-5757（編集）
URL　http://www.forestpub.co.jp

印刷・製本　日経印刷株式会社

ISBN978-4-86680-211-4　Printed in Japan